O QUE É VIOLÊNCIA OBSTÉTRICA?

Editora Appris Ltda.
1.ª Edição - Copyright© 2023 da autora
Direitos de Edição Reservados à Editora Appris Ltda.

Nenhuma parte desta obra poderá ser utilizada indevidamente, sem estar de acordo com a Lei nº 9.610/98. Se incorreções forem encontradas, serão de exclusiva responsabilidade de seus organizadores. Foi realizado o Depósito Legal na Fundação Biblioteca Nacional, de acordo com as Leis nos 10.994, de 14/12/2004, e 12.192, de 14/01/2010.

Catalogação na Fonte
Elaborado por: Josefina A. S. Guedes
Bibliotecária CRB 9/870

C936q 2023	Crivelini, Bárbara Milhomem O que é violência obstétrica? / Bárbara Milhomem Crivelini. – 1 ed. – Curitiba : Appris, 2023. 129 p. ; 23 cm. – (Saúde mental). Inclui referências. ISBN 978-65-250-5371-4 1. Violência obstétrica. 2. Gravidez – Aspectos psicológicos. 3. Violência contra mulheres. I. Título. II. Série. CDD –362.83

Livro de acordo com a normalização técnica da ABNT

Appris
editora

Editora e Livraria Appris Ltda.
Av. Manoel Ribas, 2265 – Mercês
Curitiba/PR – CEP: 80810-002
Tel. (41) 3156 - 4731
www.editoraappris.com.br

Printed in Brazil
Impresso no Brasil

Bárbara Milhomem Crivelini

O QUE É VIOLÊNCIA OBSTÉTRICA?

FICHA TÉCNICA

EDITORIAL Augusto V. de A. Coelho
Sara C. de Andrade Coelho

COMITÊ EDITORIAL Marli Caetano
Andréa Barbosa Gouveia - UFPR
Edmeire C. Pereira - UFPR
Iraneide da Silva - UFC
Jacques de Lima Ferreira - UP

SUPERVISOR DA PRODUÇÃO Renata Cristina Lopes Miccelli

ASSESSORIA EDITORIAL William Rodrigues

REVISÃO Bruna Fernanda Martins

DIAGRAMAÇÃO Renata Cristina Lopes Miccelli

CAPA Daniela Baumguertner

COMITÊ CIENTÍFICO DA COLEÇÃO SAÚDE MENTAL

DIREÇÃO CIENTÍFICA Roberta Ecleide Kelly (NEPE)

CONSULTORES Alessandra Moreno Maestrelli (Território Lacaniano Riopretense)
Ana Luiza Gonçalves dos Santos (UNIRIO)
Antônio Cesar Frasseto (UNESP, São José do Rio Preto)
Felipe Lessa (LASAMEC - FSP/USP)
Gustavo Henrique Dionísio (UNESP, Assis - SP)
Heloísa Marcon (APPOA, RS)
Leandro de Lajonquière (USP, SP/ Université Paris Ouest, FR)
Marcelo Amorim Checchia (IIEPAE)
Maria Luiza Andreozzi (PUC-SP)
Michele Kamers (Hospital Santa Catarina, Blumenau)
Norida Teotônio de Castro (Unifenas, Minas Gerais)
Márcio Fernandes (Unicentro-PR-Brasil)
Maria Aparecida Baccega (ESPM-SP-Brasil)
Fauston Negreiros (UFPI)

Em memória de Maria Marta Milhomem.

O médico anestesista fluminense Giovanni Quintella foi preso em flagrante por ter estuprado uma paciente no momento do parto na cidade de São João de Meriti, no Rio de Janeiro. O caso ocorreu na madrugada de segunda-feira, no Hospital da Mulher Heloneida Studart. A vítima estava inconsciente após ter sido anestesiada pelo próprio médico. Enfermeiras e técnicas de enfermagem da unidade desconfiaram da quantidade elevada de anestésico que Quintella havia utilizado em outras duas pacientes no mesmo dia e conseguiram filmar escondidas o terceiro parto.

(Notícia de 12 de julho de 2022. Fonte: UFMG Notícias)

PREFÁCIO

Foi com enorme prazer que recebi a tarefa de apresentar este estudo de Bárbara Milhomem Crivelini – merecidamente transformado em livro, com os devidos ajustes e atualizações –, após ter sido muito elogiado em sua defesa de mestrado junto ao Programa de Pós-Graduação *Psicologia e Sociedade* da FCL Unesp Assis, no qual atuei como seu orientador. Tratando de um tema que, infelizmente, revela-se incontornável na realidade de muitas mulheres na atualidade (e não somente na realidade das mulheres, assim como não apenas na de hoje), *O que é violência obstétrica?* é desses trabalhos que nos convidam a uma profunda reflexão a respeito dessa que, sem dúvida, é uma das piores violências que alguém pode sofrer – se é que é possível afirmar algo dessa ordem, enfim –, mas sobretudo porque ocorre em uma condição já consideravelmente sensível que é a de parturiente.

A questão que motivou o início de sua pesquisa, enquanto Bárbara era ainda aluna no curso de graduação em Psicologia da mesma Unesp Assis, momento em que, aliás, recebera uma bolsa de Iniciação Científica da FAPESP a fim de trilhar seus primeiros passos, parece ter permanecido constante, pois, justamente, mantém-se em torno dessa sensibilidade envolvida: trata-se de sua própria *sensibilidade*, impulsionada pela condição de mulher, como não poderia ser diferente, para com essa dor que está longe de se reduzir à dimensão física e se estende de forma inequívoca à vida psíquica, causando por conseguinte intenso sofrimento nesse sentido; e essa sua característica já dava alguns sinais de potência enquanto ela verificava, junto àquelas mães que participaram do estudo inicial, a patente negligência com que o assunto é comumente tratado pelas equipes hospitalares. Naquele momento – em que eu também passava pela recém experiência de paternidade, diga-se de passagem –, ela atestou a pouquíssima, senão ausente, informação a ser compartilhada com as futuras mães sobre a possibilidade de se realizar um parto normal ou natural, demonstrando assim o predomínio da cultura cesarista que o Brasil sustenta desde sempre... Dado que, ideológica e economicamente falando, já configura uma espécie de violência por si só, ainda que lateral. Embora a pesquisa tenha se concentrado no cenário da Saúde Pública (em cidade do interior de São Paulo), podemos facilmente inferir que a mesma condição se repete no atendimento privado, que a rigor é ainda mais pró-cirurgia que aquele.

De lá para cá, o trabalho se verticaliza com o objetivo de construir uma definição ou terminologia mais concisas em torno da violência dirigida à gestante, como a própria autora declara a certa altura, e que lhe exigiu, precocemente, um fôlego de pesquisadora experiente; nesse sentido, não é sem razão que a sua publicação atenda a uma demanda cada vez mais urgente, uma vez que Bárbara percorre aqui um extenso recorte de artigos que tratam do tema tanto no Brasil quanto na América Latina, tendo em vista um biênio que vai de 2018 a 2019 (leia-se, antes mesmo do surgimento da Covid-19), mas cujo "distanciamento" temporal – era essa a nossa hipótese – nos permitiria uma idêntica distância crítica a fim de encarar a massa de dados que surgiria do conjunto. A estratégia se revelou acertada, como o leitor poderá aferir na sequência; deixa-se, contudo, algumas questões que, por sua vez, exigem novas pesquisas: o que podem revelar os dados que seriam coletados *durante* a pandemia? E como estará o estado da arte a essa altura em que a Organização Mundial de Saúde declarou o fim da "Emergência de Saúde Pública de Importância Internacional"?

De sua parte a autora – generosa, mas sem deixar de lado o rigor – conclui sem rodeios que

> [...] a Violência Obstétrica é uma intersecção de vários tipos de violência manifestas em tratamentos e imposições de condutas protocolares realizadas dentro do ambiente hospitalar, desempenhadas direta ou indiretamente pela equipe de saúde e gestores institucionais, que afetam de forma negativa a paciente na gestação, parto e pós-parto em níveis biológicos e psicológicos de saúde (p. 108).

Ora, sendo assim um efeito direto da medicalização do social, a violência obstétrica pode funcionar como uma espécie de analisador sobre as formas em que a saúde da mulher se manifesta em nosso país (e não apenas nele). Participam dela outras violências concorrentes, como simbólica, institucional, de gênero, raça e classe social. Tais marcadores indicam, nessa perspectiva, o quanto certos atores sociais podem contribuir na diminuição de sua periculosidade ou, quem sabe, numa maior emancipação dos sujeitos envolvidos, de modo que o movimento feminista revela ser fundamental aqui; com efeito, sem ele as coisas seriam muito piores.

Sua causa é múltipla, como se deve notar, assim como é complexa sua percepção, pois, apesar de ocorrer em ambiente hospitalar, a manifestação da violência obstétrica não se origina exatamente ali, mas na intersecção do controle populacional, da formação dos profissionais de saúde, da hierarquia de gênero e da mercantilização da saúde. Reconhecendo, por fim, que o fenômeno estaria inclusive para além da chamada *biopolítica*, Barbara arrisca uma interpretação mais ligada à estrutura: "para uma mudança efetiva de cenário, é necessário que a Violência Obstétrica seja encarada não apenas como má´ qualidade no atendimento à gestante, como também um constructo multifacetado que exige modificações em vários níveis sociais"; em outras palavras, para que possa haver alguma mudança no campo parece ser necessária a criação de políticas públicas que se orientem na direção de uma saúde coletiva propriamente dita, ou seja, que não apenas visem intervir após o ocorrido (o que tende a se manifestar *via* raras ações, de cunho punitivo, dirigidas aos profissionais médicos, quando muito!), mas que possam sobretudo contribuir na construção de um atendimento gravídico-puerperal, diríamos, *não manicomial*, isto é: um verdadeiro *acolhimento* à gestante que tenha como horizonte o exercício de uma clínica *psicossocial* em senso estrito, e que com isso possa contribuir na prevenção de todo um ciclo de violência posterior. As ações podem ser variadas (educação em saúde, práticas não cesaristas e baseadas em evidências, a lista é razoavelmente longa, como se poderá observar), contudo o que se exige delas, mais fundamentalmente, é sua posição ética. É essa, claro, a aposta da autora, de modo que convido os leitores a acompanhar atentamente seus passos daqui em diante.

Gustavo Henrique Dionisio

Professor Assistente Doutor no Programa de Pós-Graduação "Psicologia e Sociedade" na Universidade Estadual Paulista (FCL UNESP-Assis), supervisor do Centro de Pesquisa e Psicologia Aplicada da mesma instituição e membro da ANPEPP (GT Psicanálise, subjetividade e cultura contemporânea)

SUMÁRIO

PARA INTRODUZIR O ASSUNTO 15

CAPÍTULO 1
CONCEITUAÇÃO DE VIOLÊNCIA OBSTÉTRICA 25
1.1 Tipificações legais e definições oficiais 25
1.2 Situações de violência no cuidado à gestante 32

CAPÍTULO 2
ORIGENS E CAUSAS DA VIOLÊNCIA OBSTÉTRICA 39
2.1 Biopolítica e a colonização do corpo da mulher 39
2.2 Medicalização do parto – transição do parto para o ambiente hospitalar 47
2.3 A formação médica 54
2.4 Violência obstétrica como reprodução das formas de governar 61

CAPÍTULO 3
CONTEXTOS QUE INCITAM INVESTIGAÇÕES
SOBRE VIOLÊNCIA OBSTÉTRICA. 67
3.1 Rotinas hospitalares 67
3.2 Percepção dos profissionais sobre a Violência Obstétrica 82
3.3 Percepção de Violência Obstétrica das parturientes 87

CAPÍTULO 4
ELIMINAÇÃO DA VIOLÊNCIA OBSTÉTRICA 93
4.1 Humanização na assistência obstétrica 94
4.2 Melhorias na formação profissional 100
4.3 Incentivo à autonomia da mulher 102
4.4 Ações de gestores da saúde 104

PARA CONCLUIR. 107

REFERÊNCIAS 117

PARA INTRODUZIR O ASSUNTO

O tema da violência é controverso, e qualquer reflexão teórico-metodológica exige o reconhecimento de sua complexidade, polissemia e conflitos. Nesse sentido, é justo que se fale em "violências", visto sua pluralidade e especificidades. A tentativa de explicação desse tema também é diversa, uma vez que, por um lado, estão os que dizem ser a violência resultado de necessidades biológicas, psicológicas e sociais. Estes fundamentam-se na sociobiologia e na etologia, subordinando a violência às determinações da natureza. Por outro lado, o fenômeno é explicado como causalidade social, advinda ora da dissolução da ordem, ora da vingança dos oprimidos, ou, ainda, de um Estado "fraco"[1].

A violência não é objeto direto da área da saúde, isso porque ela é compreendida como algo que ocorre, principalmente, como um processo social. Porém, a área da saúde atende suas vítimas e, além disso, elabora estratégias para sua prevenção e para a promoção da saúde. Dessa forma, entende-se que a violência não é um objeto específico da área da saúde, mas está atrelada a ela, visto a relação entre esses setores. Uma das funções tradicionais da área da saúde é cuidar de agravos físicos e emocionais advindos de questões e conflitos sociais. Atualmente, tais funções foram atualizadas, e passaram a englobar as medidas que previnem e promovem a saúde em seu conceito ampliado de bem-estar individual e coletivo.

O Brasil é um país em que a violência exerce grande impacto sobre a saúde. Desde a década de 1960, a mortalidade brasileira, principalmente aquela advinda de doenças infecto-parasitárias foi suplantada pelas de causas violentas, fato que acompanhou a crescente urbanização. As mortes violentas cresceram atingindo o segundo lugar de *causa mortis* dos brasileiros, abaixo apenas das doenças cardiovasculares[2]. Apesar disso, a morbidade por violência é uma tarefa difícil de mensurar em decorrência da falta de dados, de informações adicionais em boletins de ocorrência, e até mesmo pelos diversos fatores envolvidos em atos violentos que resultam direta ou

---

[1] MINAYO, Maria Cecília de Souza; SOUZA, Edinilsa Ramos de. Violência e saúde como um campo interdisciplinar e de ação coletiva. História, Ciências, Saúde-Manguinhos, v. 4, p. 513-531, 1998.

[2] MINAYO, Maria Cecília de S. Violência social sob a perspectiva da saúde pública. Cadernos de saúde pública, v. 10, p. S7-S18, 1994.

indiretamente em morte. É reconhecida a necessidade de uma *epidemiologia da violência*, visto os níveis biológicos e sociais afetados por ela.

Como psicóloga, me interessa refletir sobre a aproximação da área Psi e a violência. Até mesmo porque a Psicologia é uma disciplina incontornável quanto aos estudos da violência[3]. Isso na medida em que é na complexidade do sujeito que a violência se concretiza, seja por agressão e/ou vitimização. Uma situação de violência se relaciona com os bens materiais, com o próprio corpo, e também com o psiquismo. Daí se dá a importância do trabalho conjunto, visto que a disciplina pode oferecer contribuições valiosas de leituras no campo da saúde pública.

Como já foi dito, este livro se trata de minha pesquisa de mestrado. Antes de falarmos das discussões e resultados próprios da pesquisa, uma investigação anterior foi feita para compreendermos o amplo cenário da assistência obstétrica no Brasil e no mundo, e como a violência se associa ao cuidado com a gestante e puérpera. Minha fundamentação teórica se baseia em publicações como estudos, diretrizes, documentos e cartilhas governamentais, materiais informativos e relatórios elaborados para diversos fins, os quais apresentarei na sequência.

Uma pesquisa à qual nos atentamos, de início, pauta-se na investigação do posicionamento dos profissionais da medicina quanto à assistência obstétrica. O estudo intitulado "Autonomia para quem?", de Luciana Palharini[4], publicado em 2017, debruça-se na investigação da classe médica em relação à violência ao longo do ciclo gravídico-puerperal. A autora se orientou a partir da análise de 10 textos sobre o tema da "violência obstétrica", veiculados por diversos órgãos representativos[5] da classe médica do Brasil. A análise do discurso desses conselhos, associações e federações apontou para um padrão de retórica. Destacamos dois pontos da leitura de Palharini sobre esses textos.

O primeiro ponto é a desconsideração dos dados levantados por pesquisas científicas. No geral, os representantes dos órgãos médicos quando confrontados com pesquisas ignoram os dados apresentados, inclusive con-

---

[3] MINAYO; SOUZA, 1998.

[4] Pesquisadora brasileira e professora da Universidade Federal do ABC. Dedica-se principalmente aos temas de história das práticas em saúde, estudos de gênero e questões obstétricas no Brasil.

[5] Órgãos representativos: Associação de Ginecologia e Obstetrícia da Bahia (SOGIBA), Associação de Ginecologia e Obstetrícia do Estado de São Paulo (SOGESP), Associação de Ginecologistas e Obstetras de Minas Gerais (SOGIMIG), Associação de Ginecologia e Obstetrícia do Rio Grande do Sul (SOGIRGS), Conselho Federal de Medicina (CFM), Conselho Regional de Medicina do Distrito Federal (CRM-DF), Conselho Regional de Medicina do Estado de São Paulo (CREMESP), Conselho Regional de Medicina de Pernambuco (CREMEP), Conselho Regional de Medicina do Ceará (CREMEC) e Associação Brasileira das Associações de Ginecologia e Obstetrícia (FEBRASGO).

testam sua veracidade. Alguns textos mencionam pesquisas brasileiras que deram relevo ao tema da violência no parto[6], mas a menção é no intuito de discordar e deslegitimar os dados. É comum encontrar argumentos sobre a medicina ser uma profissão a serviço da saúde, e por isso, a atenção e cuidado visam integralmente ao bem-estar dos sujeitos. Nesses casos, muitos dos textos veiculados não admitem que exista qualquer tipo de ação médica violenta. Outros argumentos vão em direção à "a-historicidade" da medicina, alegando que a profissão é neutra quanto aos valores que regem suas práticas. Posto assim, atos médicos violentos ou com indícios de violência são inconcebíveis.

O segundo padrão evidente é a inversão do lugar de vítima, na qual os médicos se colocam como os principais prejudicados ao invés das pacientes. Nesse tipo de argumento são mencionadas as insatisfatórias condições de trabalho dos ginecologistas/obstetras, equipes de atenção básica incompletas, maternidades precárias e sucateadas, falta de medicamentos, entre outras. Os médicos e médicas comentam sobre a "verdadeira violência" ser praticada pelo governo, porém a responsabilidade recai injustamente sobre eles, trabalhadores que defendem o direito ao nascimento digno e seguro. Outros textos ignoram completamente o termo "violência obstétrica", argumentando que os médicos e médicas não podem ser "demonizados", uma vez que são os únicos habilitados para dar assistência completa ao parto. Desse modo, a alegação de que existe violência no processo de parturição, de acordo com alguns médicos e médicas, serve apenas para fragilizar o papel do obstetra. Alguns órgãos, inclusive, usam termos como "violência contra o obstetra", acusam a mídia de abordar erroneamente o assunto e afirmam que defenderão os associados sempre que forem acusados injustamente. Palharini aponta que a preocupação com a reputação dos profissionais está em nível igual, ou maior, do que com as gestantes.

Destaco aqui esse segundo ponto levantado na pesquisa: a resistência médica aos debates sobre o enfrentamento da violência obstétrica. Frente à deslegitimação dos dados levantados por pesquisas brasileiras e da inversão dos papéis de vítimas num cenário em que os obstetras são, segundo eles, impedidos das boas práticas da medicina em nome de acusações errôneas, nenhum argumento dos médicos considera que os movimentos sociais, a mídia e instituições de pesquisa podem elucidar verdades. Na verdade, os

---

[6] Pesquisas "Nascer no Brasil" (FIOCRUZ, 2012) e "Violência no parto: na hora de fazer não gritou" (FUNDAÇÃO PERSEU ABRAMO, 2015).

obstetras se posicionam apenas em defesa da categoria, e desqualificam todo discurso questionador de práticas hegemônicas. É como se não houvesse o que ser questionado, pois tudo se justifica pela autoridade científica médica. Desse modo, a dificuldade de diálogo com a classe médica tradicional fica nítida, prejudicando enormemente o debate do tema.

Essa análise do discurso médico mostra aspectos importantes sobre o cenário obstétrico brasileiro, o que me remete a uma vivência pessoal. Na ocasião da minha pesquisa de Iniciação Científica, na qual investiguei o nível de autonomia da gestante na escolha do tipo de seu próprio parto, fui a campo fazer entrevistas. Mesmo que minha intenção nas entrevistas não fosse confrontar práticas médicas, tive grande dificuldade de entrar em contato com os ginecologistas/obstetras que atendem na rede pública. E não por acaso. Na convivência com outros funcionários das UBSs, como enfermeiras(os) e secretárias(os), recebi algumas reclamações sobre os médicos não participarem frequentemente de reuniões de equipe, e, dessa maneira, o alinhamento profissional com eles se torna dificultoso. Tais comentários são referentes aos médicos de todas as especialidades. É interessante que, mesmo que não participem de reuniões de equipe, suas ações não são contestadas e a autoridade científica permanece intacta. Essa cena compõe a conclusão da pesquisa mencionada acima quanto à dificuldade de diálogo com a categoria, bem como a resistência por mudanças nesse modelo de cuidado.

Identifiquei a prática e a formação médica mais voltada à intervenção e à prescrição do que à consulta. Nesse sentido, também em concordância com Palharini, nota-se uma alienação das mulheres em relação aos seus corpos, à fisiologia, às experiências de gestação e parto. Isso devido à justificativa de que o médico, enquanto autoridade, supostamente sabe os melhores caminhos a serem seguidos. Nesse sentido, as gestantes se tornam objetos de intervenção, uma vez que suas subjetividades são agenciadas ao lugar de incapacidade.

Continuemos a caminhada de pesquisa sobre violência no cuidado do ciclo gravídico-puerperal. A maioria deles diz sobre o cenário brasileiro de parto e nascimento, e a partir de denúncias, movimentos sociais, documentários, pesquisas bibliográficas e de campo, propuseram-se a discutir a amplitude de assuntos relacionados direta e indiretamente com os processos sexuais e reprodutivos das mulheres.

O QUE É VIOLÊNCIA OBSTÉTRICA?

Um estudo de Daphne Rattner, *Humanização na atenção a nascimentos e partos: breve referencial teórico,* publicado em 2009, discute a forma com que a atenção à saúde se tornou tecnicista, assim como a assistência ao nascimento. Mesmo que o parto não seja um processo patológico, o cuidado seguiu padrão industrial a partir do século XX, visto que algumas maternidades passaram a agendar cesarianas numa "linha de produção" conveniente a profissionais e instituições, na tendência econômica que relativiza tempo e produtividade. A autora aborda a violência institucional presente nessa conjuntura, e defende que se trata de uma violência despersonalizante, uma vez que as pacientes são despojadas de seus pertences quando dão entrada em muitos dos serviços de atenção ao parto.

Ainda com Rattner, sua pesquisa aborda a visão desumanizada adotada pela academia, a qual tende a reduzir a concepção a um processo biologicamente mecânico. Ratter menciona uma das mais tradicionais obras de obstetrícia[7] e explica os mecanismos do parto a partir da metáfora "motor-objeto-trajeto", na qual o útero é o motor, que impulsiona o feto (objeto) pelo canal vaginal (trajeto).

Das muitas pesquisas que expõem e discutem sobre o rol de intervenções médicas desnecessárias no parto, destaco um artigo *Parem a violência obstétrica!*[8]. Segundo a autora, procedimentos como episiotomia, tricotomia, lavagem intestinal, fórceps e exames frequentes de toque, nas palavras dela, "vem sendo objeto de disputa tanto entre profissionais da saúde – quais sejam, obstetras, pediatras e enfermeiros – quanto entre eles e a população no modo geral". Até mesmo órgãos regulamentadores da saúde, como o Ministério da Saúde e a OMS, e entidades responsáveis por cuidados em saúde materno-infantil, aguçam debates no campo da medicina e da enfermagem por justamente questionar e se posicionar contrários a várias dessas intervenções. Nesse sentido, não apenas a cesariana é vista como desnecessária, na maioria dos casos brasileiros em que há indicação, mas também os procedimentos de rotina tanto do parto cirúrgico quanto do parto normal.

A autora também questiona o que faz, então, a adoção de determinadas condutas de rotina ser considerada violência contra a mulher e contra a gestante. Enquanto algumas ações são evidentemente violentas, como em relatos que mulheres dizem terem sido amarradas à maca, violadas fisicamente ou recebido agressões verbais, outros atos não são compreendidos como

---

[7] REZENDE, Jorge de. *Obstetrícia fundamental.* Rio de Janeiro: Guanabara Koogan, 1980.

[8] PULHEZ, Mariana Marques. *Parem a violência obstétrica!* Editor e conselho editorial, 2013. p. 522.

violências, como é o caso de cesarianas eletivas e procedimentos médicos rotineiros. Esses últimos, por muitas vezes serem considerados "normais" e rotineiros, podem não ser entendidos como eventos traumáticos e passíveis de reparação.

Deparei-me também com documentos oficiais do Ministério da Saúde, como cartilhas informativas, relatórios de recomendação, diretrizes, leis, bem como publicações não governamentais elaboradas por redes de mulheres. Esse caminho foi extremamente importante, uma vez que elucidou questões prévias e mobilizou novas inquietações.

Dentre essas publicações, elenquei algumas que contribuíram de forma significativa para a presente obra. Algumas cartilhas governamentais foram de grande ajuda, como a de "Diretrizes de Atenção à Gestante", publicada em 2015, que "compõe um esforço da Coordenação Geral de Saúde da Mulher do Ministério da Saúde para a qualificação do modo de nascer no Brasil"[9]. Essas diretrizes foram publicadas em dois volumes complementares, o "Operação cesariana" e o "Parto normal". Tais documentos são baseados nas melhores evidências científicas disponíveis até então, visando orientar a respeito das vias de parto, indicações e condutas. Eles são voltados para mulheres, profissionais da saúde, e gestores tanto do serviço público quanto privado, e foram essenciais para entendermos quais eram, de fato, as diretrizes de atenção à gestante no Brasil.

Outros documentos também foram importantes para a continuidade da minha investigação. As cartilhas "Política Nacional de Atenção Integral à Saúde da Mulher", de 2004, "Parto, Aborto e Puerpério: Assistência Humanizada à Mulher", de 2001, "Direitos humanos das mulheres na gravidez e no parto", de 2003, "Cartilha dos Direitos à Saúde da Mulher"[10], todas elaboradas por órgãos públicos. Além desses, destaco também outros documentos importantes, tais como a cartilha "Violência obstétrica é Violência Contra a Mulher"[11] e o dossiê "Violência obstétrica: Parirás com Dor"[12], ambos elaborados e publicados pela rede Parto do Princípio – Mulheres em Rede pela Maternidade Ativa. Esses últimos merecem especial atenção.

A rede Parto do Princípio é uma organização civil que opera desde 2009 em 22 estados brasileiros, e é composta por mais de 300 mulheres

---

[9] BRASIL, 2015, p. 5.
[10] COMISSÃO DA MULHER ADVOGADA. *Cartilha dos Direitos à Saúde da Mulher elaborada pela OAB*. Seção Goiás.
[11] KONGO *et al.*, 2014.
[12] DO PRINCÍPIO, 2012.

que se articulam voluntariamente produzindo materiais informativos sobre gestação, parto e nascimento. Essas publicações, baseadas em evidências científicas e recomendações da OMS, visam à autonomia das brasileiras no cenário do sistema de saúde do país. Seus princípios e indicações são no sentido da luta por políticas públicas de assistência digna à saúde reprodutiva da mulher, bem como a retomada do protagonismo de seus processos de gestação, parto e amamentação. Os materiais informativos da rede Parto do Princípio foram preciosos para a pesquisa, uma vez que trazem definições sobre violências na assistência à gestante no cenário brasileiro, as quais eram pouco mencionadas anteriormente a suas publicações.

Em 2012 essa rede publicou um dossiê para a CPMI (Comissão Parlamentar Mista de Inquérito) da Violência Contra as Mulheres, sob o título de "Violência Obstétrica – Parirás com Dor". Esse documento fornece análises de relatos de mulheres que sofreram algum tipo de violência durante a gestação, parto e pós-parto. Entre outras discussões, o dossiê apresenta uma caracterização própria das modalidades de violência obstétrica, de modo que os desrespeitos e violações de direitos encontrados nas entrevistas com mulheres assistidas pelo sistema de saúde nacional fossem compreendidos ao máximo, ou seja, uma caracterização adaptada ao contexto brasileiro. É importante salientar que faltam produções técnicas e judiciárias brasileiras para referenciar esse tipo de violência, e, por isso, o documento traz a caracterização própria.

Para confirmar a realidade brasileira no âmbito do cuidado à gestante, o dossiê apresenta algumas pesquisas. Uma delas foi feita pela Fundação Perseu Abramo em parceria com o SESC, que em 2010 revelou que 25%[13] das mulheres entrevistadas sofreram algum tipo de agressão ao longo da gestação, no pré-natal ou parto. Segundo esse estudo, as agressões vão de tratamentos desrespeitosos, exames sem indicação médica, a xingamentos com viés discriminatório em relação à classe social e cor da pele.

O dossiê também cita a tese de Janaina Aguiar, de 2010, intitulada "Violência institucional em maternidades públicas: hostilidade ao invés de acolhimento como uma questão de gênero". A autora da tese conclui que tanto as puérperas quanto os profissionais de saúde reconhecem a existência de tratamentos humilhantes nesse cenário, e frequentemente são os tipos

---

[13] A pesquisa foi feita com uma amostra de 2365 mulheres, em 25 UFs das cinco macrorregiões do país. Os dados foram colhidos em 2010 por meio de questionários estruturados, em entrevistas pessoais domiciliares, realizadas por entrevistadoras. Pesquisa na íntegra acessível em: https://apublica.org/wp-content/uploads/2013/03/www.fpa_.org_.br_sites_default_files_pesquisaintegra.pdf. Acesso em: 1 jun. 2022.

de tratamento esperados pelas parturientes. Janaina Aguiar também fala das relações desiguais entre parturientes e profissionais da saúde em sua tese. Dada uma situação de agressão física e/ou verbal dos profissionais para com as mulheres, em caso de reação violenta da paciente, o Artigo 331 do Código Penal – Decreto da Lei 2848/40 – prevê que ela seja enquadrada sob o crime de desacato ao funcionário público. Nessa situação, a paciente se encontrará sem proteção legal, visto que atos médicos possuem autoridade em atuação profissional.

O dossiê também discorre sobre as leis federais da Venezuela e da Argentina, que reconheceram a violência obstétrica juridicamente em 2007 e 2009, respectivamente. No geral, as leis apresentam a definição de violência obstétrica e as formas nas quais essas violências aparecem nas relações. A especificidade da lei venezuelana é a caracterização do delito e as respectivas punições. Na lei argentina, são descritas formas de cuidado que visam ao bem-estar e à garantia dos direitos da gestante. Já no Brasil, não possuímos leis federais que prevejam essa violência, e os materiais que conceituam, descrevem e/ou informam a população são escassos.

Recentemente, no entanto, alguns estados e municípios brasileiros reconheceram em lei a violência obstétrica, a maioria depois do ano de 2017. Mediante a falta de referência na produção técnica e judiciária do Brasil, a rede Parto do Princípio elaborou uma tipificação própria sobre a violência obstétrica, em suas particularidades e modalidades. Essa tipificação, que consta no dossiê mencionado, foi amparada pela tese de Janaina Aguiar, nas leis federais da Venezuela e da Argentina, e nos relatos de mulheres colhidos para a produção do documento.

A caracterização foi bastante pertinente para os meus estudos, uma vez que compreende e inclui diferentes aspectos da violência no cuidado à gestante. A conceituação qualifica enquanto violência obstétrica toda ação voltada contra a mulher "no exercício de sua saúde sexual e reprodutiva, podendo ser cometidos por profissionais de saúde, servidores públicos, profissionais técnico-administrativos de instituições públicas e privadas, bem como civis [...]"[14]. O documento amplia o caráter da violência para além do físico, e coloca também o psicológico, sexual, institucional, material e midiático. Tais conceitos, além de terem ampliado o meu entendimento do assunto, também despertaram novos questionamentos.

---

[14] DO PRINCÍPIO, 2012, p. 60.

Concomitantemente à conceituação, atentei-me a outras questões tão importantes quanto, tais como o fato de o Brasil possuir um alto índice de denúncias[15] feitas principalmente nos quatro últimos anos, o que revela uma situação grave e urgente de ser reconhecida e transformada[16]. No entanto, o discurso médico hegemônico se mostra resistente a debates, e possui apoio judicial e social, o que colabora para a perpetuação de condutas abusivas em saúde. Nesse cenário de altas denúncias e da categoria médica resistente ao reconhecimento da problemática, não existem leis federais que conceituem a Violência Obstétrica e protejam as gestantes/parturientes da violência. O que existe, na verdade, são algumas leis municipais e estaduais, colocadas em vigor recentemente, e organizações civis que se propõem a discutir o tema e a produzir materiais informativos. Tais publicações são baseadas na legislação de países vizinhos que já trilharam um caminho elucidativo sobre violência no parto desde a vigência de suas leis.

Porém, as pesquisas nacionais não produzem informações suficientes de um tema que é urgente. A falta de material que abarque conceituações sobre a violência contra a gestante e puérpera, ou que discuta os contextos em que ela está presente, trouxe-me a produção desta obra. No cenário em que as informações do tema não são unificadas e, pelo contrário, apontam para diversas direções, não havendo consenso, entendo como proveitosa uma pesquisa que se aprofunde nas definições de "Violência Obstétrica".

Desse modo, na intenção de contribuir para a saúde e bem-estar da gestante e puérpera, fiz uma pesquisa bibliográfica para investigar, apresentar e debater "o que é violência obstétrica", que resultou neste livro. O material trabalhado foram artigos com o termo "Violência Obstétrica" como foco da produção, que apresentam definições e conceitos de "Violência Obstétrica" e que foram produzidos no Brasil ou na América-Latina nos anos de 2018 e 2019. Então, meu material de estudo foram as produções mais recentes e atualizadas, até o momento, sobre o tema.

O primeiro capítulo aborda a "Conceituação da Violência Obstétrica". Nele eu apresento os diversos conceitos, ideias e argumentos que definem essa violência. De início vou às definições oficiais, de acordo com publicações de órgãos que regulamentam a saúde, como a Organização Mundial da Saúde

---

[15] *Violência Obstétrica no Brasil*: um enfoque a partir dos acordãos do STF e STJ (DA SILVA; DE MESQUITA SERRA, 2017). Disponível em: https://www.e-publicacoes.uerj.br/index.php/quaestioiuris/article/view/28458/21893. Acesso em: 1 jun. 2022.

[16] *Número de denúncias de violência obstétrica já é dez vezes maior esse ano*. Disponível em: https://cbn.globoradio.globo.com/media/audio/260878/numero-de-denuncias-de-violencia-obstetrica-ja-e-d.htm. Acesso em: 1 jun. 2022.

(OMS), a Organização das Nações Unidas (ONU). Em seguida, apresento as tipificações legais, descritas em leis municipais, estaduais e federais. Para encerrar, apresento a violência presente nas rotinas hospitalares, nas práticas médicas, e o modo no qual essas práticas impactam gestantes assistidas.

No segundo capítulo, "Origens e causas da Violência Obstétrica", escrevi sobre teorias e perspectivas que buscam elucidar as formações culturais que possibilitam a existência da Violência Obstétrica nas práticas em saúde. Nesse capítulo discuto a apropriação dos corpos das gestantes pela Medicina, coloco em evidência a hierarquia social, questões de saúde pública, legislações, e a formação da categoria médica e da equipe de saúde. Discuto também a respeito da violência obstétrica como reprodução das formas de governo, as políticas neoliberais, a mercantilização da saúde e o modelo tecnocrático de nascimento.

O terceiro capítulo é voltado para os "Contextos da Violência Obstétrica". Nessa parte trato sobre os principais indícios de violência obstétrica que surgiram a partir da crescente taxa de denúncias contra profissionais e serviços médicos/hospitalares. Apresento em detalhes a rotina na assistência obstétrica, os protocolos de atendimento, as características do cuidado recebido pelas mulheres nos hospitais-maternidade, tanto parturientes quanto puérperas.

No último capítulo, "Eliminação da Violência Obstétrica", trato a respeito de como esse cenário pode ser modificado. Dado a presença da violência, anuncio possibilidades de atuação e mudanças na conjuntura da assistência à mulher no ciclo gravídico-puerperal.

Convido você, leitora e leitor, a fazer esse percurso precioso, caro e urgente comigo.

Capítulo 1

CONCEITUAÇÃO DE VIOLÊNCIA OBSTÉTRICA

Para a conceituação da Violência Obstétrica, primeiro precisamos nos ater ao fato de que esse assunto é relativamente recente na literatura. Isso implica uma heterogeneidade de teorias, ou seja, diversas formas de conceituar esse tipo de violência, cada qual com seu viés. Alguns autores colocam que ela é exercida especificamente no processo de parto e pós-parto, enquanto outros consideram que as práticas violentas podem estar presentes ao longo de toda a gestação, incluindo parto e puerpério.

Algumas áreas das ciências sociais adotaram o termo "Violência Obstétrica" ou "Violência Gineco-obstétrica" para falar sobre as diversas formas de violência na atenção aos processos sexuais e reprodutivos das mulheres, abarcando menstruação, contracepção, gestação, parto, puerpério, aborto e menopausa[17]. Há também debates sobre o termo "Violência Obstétrica" ser substituído e mais bem definido por "Violência Institucional", para que as responsabilidades sejam ampliadas das esferas de assistência obstétrica para a esfera institucional[18]. A principal questão envolvida na conceituação dessa violência se dá nas práticas de apropriação dos corpos e processos reprodutivos das gestantes, como veremos a seguir.

1.1 Tipificações legais e definições oficiais

A Organização Mundial da Saúde postulou em 1996 que "Violência" se trata da imposição, em graus significativos, de dor e sofrimento que poderiam ser evitados. Já a filósofa Marilena Chauí, ainda em 1985, já havia ampliado essa definição, implicando as hierarquias sociais em relação direta com a violência. A autora define o termo

> [...] em primeiro lugar, como conversão de uma diferença e de uma assimetria numa relação hierárquica de desigualdade, com fins de dominação, de exploração e opressão. Em segundo lugar, como a ação que trata um ser humano não como sujeito,

---

[17] VALLANA-SALA, 2019.
[18] LANSKY *et al.*, 2019.

mas como coisa. Esta se caracteriza pela inércia, pela passividade e pelo silêncio de modo que, quando a atividade e a fala de outrem são impedidas ou anuladas, há violência [...][19].

Com isso temos que a dominação, objetivo da violência, não se dá apenas por meio da violência física, mas também se caracteriza pela coerção e pelo impedimento de atividades e expressões de outrem.

Passando para as definições de violência no âmbito da saúde da mulher, especificamente a violência sofrida no parto, grupos se mobilizaram para produzir debates e conceituações dessa violência. Esses debates fomentaram movimentos sociais em prol dos direitos da mulher e da gestante. Traçando uma linha do tempo, os eventos mais antigos que se propuseram a debater o tema datam de 1985, denominados Convenções de Saúde e Direitos Sexuais e Reprodutivos (Appropriate Technology for Birth), promovidos pela Organização Mundial da Saúde. Em 1993 foi publicada a "Declaração sobre a Eliminação da Violência contra a Mulher" também pela OMS, em que consta a "violência contra a mulher" de forma ampliada, não apenas na configuração física, mas como

> [...] qualquer ato de violência baseado no gênero do qual resulte, ou possa resultar, dano ou sofrimento físico, sexual ou psicológico para as mulheres, incluindo as ameaças de tais atos, a coação ou a privação arbitrária de liberdade, que ocorra, quer na vida pública, quer na vida privada[20].

Em 2014 a mesma organização fez outra publicação, dessa vez explicitamente sobre a violência contra a mulher em serviços de saúde. A declaração "Prevenção e eliminação de abusos, desrespeito e maus-tratos durante o parto em instituições de saúde" convocou uma mobilização social para debater sobre a violência sofrida pela mulher nos hospitais-maternidade, a fim de expor esse tipo de violência. Em 2015, foi publicado o guia "Recomendações da OMS para a condução do trabalho de parto", e mais recentemente, em 2018, foram publicadas novas diretrizes de cuidados para que o parto seja uma experiência positiva. Essa última publicação é composta por 56 recomendações baseadas em evidências científicas, visando partos seguros e respeitosos aos direitos das mulheres e seus bebês.

Ainda sobre organizações de grande impacto mundial, a ONU publicou um documento em 2016 intitulado "Outras formas de violência contra

---

[19] CHAUÍ, 1985, p. 35.
[20] OMS, 1993, p. 2.

as mulheres para reconhecer, normatizar e visibilizar". A publicação gerou discussões sobre intervenções desproporcionais e inexoravelmente medicalizadas nos processos naturais de gravidez e parto. Em 2019, a organização publicou um artigo[21] reconhecendo a violência obstétrica como institucionalizada e normalizada em todos os países. Esse foi o primeiro artigo da ONU a reconhecer esse tipo de violência.

No contexto da América Latina, a partir dos anos 2000 vários movimentos avançaram e deram reconhecimento à violência obstétrica enquanto um problema de saúde pública[22]. Ela tem sido definida, em normativas de países latino-americanos, como uma violência "exercida pelo pessoal de saúde sobre o corpo e os processos reprodutivos das mulheres, expressos em um tratamento desumanizado, um abuso de medicalização e patologização de processos naturais"[23]. O primeiro país da América Latina a reconhecer e tipificar a Violência Obstétrica em lei foi a Venezuela, em 2007, seguido da Argentina, Panamá e México. Eles definem essa violência como sendo

> [...] a apropriação do corpo e processos reprodutivos das mulheres por profissional de saúde, que se expressa em um trato desumanizador, em abuso da medicalização e patologização dos processos naturais, trazendo consigo a perda da autonomia e capacidade de decidir livremente sobre seus corpos e sexualidade, impactando negativamente a qualidade de vida das mulheres[24].

> aquela exercida pelo profissional de saúde sobre o corpo e os processos reprodutivos das mulheres, expressa em trato desumanizado, em abuso de medicalização na patologização dos processos naturais, em conformidade com a Lei 25.929[25].

> É todo ato ou omissão da equipe de saúde, tanto médica quanto auxiliar e/ou administrativa, que, em exercício de sua profissão ou ofício, prejudique, ofenda ou degrade a saúde física e psicoemocional da mulher, durante o processo de gravidez, parto, puerpério e processos reprodutivos[26].

---

[21] "Enfoque basado en los derechos humanos del maltrato y la violencia contra la mujer en los servicios de salud reproductiva, con especial hincapié en la atención del parto y la violencia obstétrica" (ONU, 2019).

[22] LAFAURIE-VILLAMIL *et al.*, 2019.

[23] *Ibidem*, p. 126.

[24] VENEZUELA, 2007.

[25] ARGENTINA, 2009.

[26] MÉXICO, 2014.

Na Bolívia, o termo foi integrado ao conceito de "violência nos serviços de saúde" em 2013. Já o Uruguai, em 2008, e a Colômbia, em 2013, incluíram as definições de violência obstétrica nas regulamentações administrativas em torno do "parto humanizado".

Acompanhando a definição das leis citadas, foram encontradas outras definições dessa violência em pesquisas latino-americanas[27], que retratam a violência obstétrica como intersecção de vários outros tipos de violência. Destacamos, a seguir, cinco tipos:

- Violência Simbólica: que é "o resultado da internalização e naturalização da relação de subordinação e dependência das mulheres no sistema de saúde"[28]. Tal violência se dá quando a mulher é culpabilizada pelas práticas violentas exercidas sobre ela, com argumentos amparados na relação de dependência entre médico/equipe e paciente.

- Violência Institucional: se caracteriza por "protocolizar o atendimento de gestantes em instituições hospitalares"[29]. Isto é, quando os protocolos de assistência obstétrica se estendem a todas as mulheres atendidas, e não há atenção às demandas singulares de cada paciente. Geralmente esses protocolos preveem intervenções de rotina sem justificativa científica, e é comum que essas intervenções sejam feitas sem a autorização da paciente.

- Violência Física: relaciona-se com a violência institucional, pois "está associada a repetição de protocolos em mulheres que não necessitam de intervenções durante o parto"[30]. A imposição de posições para o parto, os procedimentos realizados sem autorização da parturiente, incontáveis exames de toque e recusa de analgesias às pacientes são alguns exemplos.

- Violência Psicológica: é o resultado de "um tratamento desumanizado que viola direitos humanos, sexuais e reprodutivos das

---

[27] VALLANA-SALA, 2019; MIRANDA *et al.*, 2019; NIY *et al.*, 2019; RAZQUIN; ARANDA, 2019; CASTRO; SAVAGE, 2019; SENS; STAMM, 2019; LAFAURIE-VILLAMIL *et al.*, 2019; LANSKY *et al.*, 2019; BELLAMY, 2019; CARNIEL; VITAL; SOUZA, 2019; GUIMARÃES; JONAS; AMARAL, 2018; MOREIRA; PARTICHELLI; BAZANI, 2019; SAMPAIO; TAVARES; HERCULANO, 2019; CIFRE; PÉREZ; ÀLVAREZ, 2019.

[28] VALLANA-SALA, 2019, p. 136.

[29] VALLANA-SALA, 2019, p. 136.

[30] VALLANA-SALA, 2019, p. 137.

mulheres durante o atendimento"[31]. Trata-se da invisibilização da subjetividade da parturiente, de seus medos, dúvidas e angústias. O acolhimento psicológico é comumente precário nos serviços de saúde, e por vezes a justificativa é de que o protocolo da assistência deve ser cumprido de toda forma, independentemente das vontades da gestante. Insultos, humilhações, xingamentos direcionados às parturientes, bem como a insuficiência de informações sobre os procedimentos que serão feitos também configuram violência psicológica.

• Violência de gênero: por "se dirigir especificamente a mulheres e permear relações de poder desiguais na nossa sociedade"[32]. A violência obstétrica também adentra os terrenos da violência de gênero, pois implica no tratamento desumanizado, medicalizado e patologizado dos processos reprodutivos das mulheres.

No geral, todos os artigos analisados trazem a Violência Obstétrica como uma forma de violação dos direitos humanos. Apesar da falta de exatidão na sua definição, o consenso é sobre a imposição de condutas protocolares, exercidas pelos profissionais que lidam direta ou indiretamente com as parturientes no ambiente hospitalar, as quais afetam negativamente a gestação, o parto e o pós-parto.

Vale destacar que alguns autores consideram que não apenas as parturientes estão propensas a viver situações de violência; outros atores inseridos no contexto de gestação e parto também podem ter seus direitos violados e experiência abalada:

> Além das mulheres, seus parceiros e recém-nascidos, outras vítimas da violência obstétrica, descoberto por Magnone, são as pessoas que fazem parte da equipe de saúde que buscam colocar em prática o modelo de humanização, e acabam por serem atacados pelo sistema. De acordo com apontado por Campiglia, médicos e enfermeiros que fazem parte da atenção gineco-obstétrica e se dissociam dela geralmente são punidos[33].

Ou seja, os acompanhantes das parturientes, os profissionais obstétricos e os médicos obstetras também podem ser vítimas de violência. Mesmo que

---

[31] VALLANA-SALA, 2019, p. 138.

[32] LANSKY *et al.*, 2019, p. 2812.

[33] LAFAURIE-MILLAMIL, 2019, p. 10.

sua presença seja assegurada por lei, acompanhantes podem sofrer insultos e até restrição do exercício de acompanhamento, o que configura situação de violência. Os profissionais da área obstétrica que atuam em prol de práticas humanizadas podem vivenciar situações de ataque e/ou interrupção em suas práticas, sob justificativa de desvios dos protocolos de atenção estabelecidos. Quanto à violência contra médicos obstetras, a menção é em relação à falta de instrumentos, espaço físico e equipe adequados, entre outras questões de precariedade na estrutura institucional que impedem o bom exercício profissional.

No Brasil, os movimentos sociais para a humanização dos nascimentos contribuíram para a popularização do assunto como pauta social a ser debatida. Tais movimentos tiveram início nos anos 1980 por meio de grupos feministas, profissionais alternativos de saúde, ativistas da saúde, órgãos oficiais de saúde, entre outros. Como resultado, houve a criação da Rede de Humanização do Parto e Nascimento (ReHuNa) em 1993. Essa organização, atualmente ativa, tem por objetivo principal a divulgação da assistência e dos cuidados perinatais baseados em evidências científicas[34]. Ademais, a partir dessa época de movimentação no cenário obstétrico, as denúncias contra órgãos de saúde começaram a aparecer. Tornou-se evidente que o modelo de assistência é projetado principalmente para atender às demandas institucionais, não as necessidades biopsicossociais das mulheres atendidas[35].

Apesar de os movimentos e debates nos anos 80 terem levantado questões e olhares para a assistência aos nascimentos em território nacional, as pesquisas com esse tema específico tardaram a acontecer. Nesse sentido, ainda hoje faltam estudos que coloquem a violência obstétrica como tema central das investigações[36]. Dentre as pesquisas, "Nascer no Brasil", "Mulheres brasileiras e Gênero nos espaços públicos e privados" e "Na hora de fazer não gritou" se destacam, sendo bastante referenciadas nos estudos subsequentes.

A Fundação Perseu Abramo realizou duas dessas pesquisas: "Mulheres brasileiras e Gênero nos espaços públicos e privados", em 2010, e "Na hora de fazer não gritou". Esse último título é referente à segunda frase mais ouvida por mulheres nas maternidades[37]. Tais estudos indicam uma série de dados relevantes sobre a atenção para com as mulheres grávidas, parturientes e/

---

[34] Disponível em: https://rehuna.org.br/nossa-historia/. Acesso em: 1 jun. 2022.

[35] DINIZ et al., 2018.

[36] DINIZ et al., 2015.

[37] A primeira frase mais ouvida, segundo a pesquisa citada, é: "Não chora não, que ano que vem você está aqui de novo".

ou puérperas. Segundo a Fundação, uma em cada quatro mulheres sofre algum tipo de violência no parto, e o mais comum é receberem ataques verbais da equipe médica, e/ou procedimentos dolorosos sem consentimento/ informação, falta de analgesia e negligência. Outra questão apontada é que quanto mais escura, jovem e pobre for a parturiente, maiores as probabilidades de ela ser vítima de violência no parto. Além disso, as pesquisas se debruçam em relatos de casos de violência na maternidade, debates sobre direitos e marcos legais, a imposição da cesariana como forma hegemônica de nascimento, denúncias feitas e que ganham mais foco a cada ano, entre outras informações relevantes sobre o assunto.

Entre 2011 e 2012 a ENSP-Fiocruz realizou a pesquisa "Nascer no Brasil: inquérito nacional sobre o parto e o nascimento". Esse estudo acompanhou mais de 23.800 mulheres e seus bebês em estabelecimentos públicos de atenção à saúde, conveniados ao SUS, e privados. Dentre as análises, o estudo aponta que os nascimentos por cesariana no setor privado chegam a 88%, e no setor público a 46%. Esses números se contrapõem à recomendação da OMS, de que o número de cesarianas não deve ultrapassar 15% dos nascimentos, visto os riscos que acompanham as taxas elevadas[38]. Ademais, foi identificado um excesso de intervenções no parto e no nascimento.

Apesar das análises e números apontados nesses estudos, não existem leis federais específicas sobre a violência obstétrica no Brasil. Em vista de diversas denúncias e questionamentos crescentes sobre a problemática, a Defensoria Pública do Estado de São Paulo reconheceu a violência obstétrica em 2017, seguida de outros estados:

> Art. 2º Considera-se violência obstétrica todo ato praticado pelo médico, pela equipe do hospital, por um familiar ou acompanhante que ofenda, de forma verbal ou física, as mulheres gestantes, em trabalho de parto ou, ainda, no período puerpério[39].

> Art. 2º. Considera-se violência obstétrica todo ato ou omissão, praticado por médico, enfermeiro, qualquer pessoa ou profissional do hospital, ou ainda, por familiar ou acompanhante, que ofenda de forma verbal, física ou emocional, mulheres

---

[38] Para as mães, evidenciam-se os maiores riscos de mortalidade, trombose venosa, profunda, choque cardiogênico e maior tempo de internação hospitalar comparado ao parto vaginal. No caso dos bebês, as chances de serem admitidos em UTI neonatal aumentam.

[39] SANTA CATARINA, 2017.

gestantes em trabalho de parto, ou ainda, no período do puerpério[40].

Art. 2º Para efeitos desta Lei, configura violência obstétrica: I - qualquer ação ou omissão que cause à mulher morte, lesão, sofrimento físico, sexual ou psicológico; II - a negligência na assistência em todo período gravídico e puerperal; III - a realização de tratamentos excessivos ou inapropriados e sem comprovação científica de sua eficácia; IV - a coação com a finalidade de inibir denúncias por descumprimento do que dispõe esta Lei[41].

VI – a prevenção da violência obstétrica, definida por tratamento desumano, práticas ou condutas médicas não consentidas, que sejam desnecessárias, sem respaldo científico ou que não respeitem o ritmo natural e saudável do desenvolvimento do parto[42].

A escassez de estudos que colocam a violência obstétrica como objetivo central da investigação é notável. Porém, com as informações, denúncias, relato de mulheres, de profissionais e de acadêmicos estudiosos do tema, entendo que uma das faces dessa violência, e talvez a mais evidente, acontece no ambiente hospitalar. A seguir falo sobre o que é conceituado como violência obstétrica a partir do observado em rotinas hospitalares.

1.2 Situações de violência no cuidado à gestante

A assistência à gestação, ao parto e ao puerpério submete as mulheres ao poder institucional. A lógica da saúde na qual a atenção à gestante está inserida é baseada em relações assimétricas de poder, e nesse contexto hierarquizado estão presentes vários atores. Cada ator parte de diferentes lugares de enunciação – historicamente construídos – e produz seus próprios discursos em relação às práticas de atenção à saúde[43]. No caso específico da assistência ao parto e ao nascimento, eles estão inseridos no campo social da

---

[40] RONDÔNIA, 2017.
[41] PARANÁ, 2019.
[42] RIO DE JANEIRO, 2021. Inciso VI acrescentado ao artigo 3.º da Lei Estadual do Rio de Janeiro n.º 7.191, de 6 de janeiro de 2016. Antes, a lei dispunha sobre o direito ao parto humanizado na rede pública de saúde no estado do Rio de Janeiro e dava outras providências. Alguns artigos e incisos foram acrescidos na reformulação dessa lei em 2021.
[43] PERDOMO-RUBIO *et al.*, 2019.

atenção a gestação, parto e puerpério. Os atores são as mulheres, médicos, parteiras, doulas, enfermeiros obstétricos e funcionários administrativos das instituições de saúde.

Os médicos obstetras são atores importantes e de grande destaque na assistência ao parto. O livro *A transformação social da medicina nos Estados Unidos da América*[44] postula dois princípios que elegem os médicos como figuras centrais na hierarquia hospitalar e social: o princípio de legitimidade e o de dependência. A legitimidade se dá pelo imaginário social, que coloca a figura do médico como detentora do saber verdadeiro sobre a saúde, um saber inalcançável à população comum; e a dependência se dá pelos efeitos – receio, culpa – gerados nos pacientes ao se imaginarem desobedientes às ordens médicas. Esses dois princípios se inter-relacionam e se retroalimentam, de modo que posicionam os médicos no topo da hierarquia hospitalar e influenciam diretamente o funcionamento de todo o modelo de assistência à saúde. Dessa forma, a assistência ao ciclo gravídico-puerperal está inserida nesse modelo hegemônico de saúde, no qual as principais tomadas de decisões sobre os processos sexuais e reprodutivos das mulheres são feitas pelos médicos obstetras.

A apropriação médica do ciclo gestacional se deve, principalmente, à institucionalização do parto. Ao longo da história da saúde, o parto migrou do ambiente íntimo domiciliar e familiar para o hospital, pois

> [...] até o século XVIII, com o alto risco de infecção puerperal, as mulheres evitavam a todo custo os partos nos hospitais e os realizavam em casa. No século XIX, com o desenvolvimento de técnicas cirúrgicas, o uso de anestésicos e o combate à referida infecção, a prática do parto no âmbito hospitalar foi consolidada [...] todas essas práticas discursivas colaboraram para a transformação da cena do parto em um evento hospitalar e médico, com a presença de cesárea para realização dos nascimentos[45].

Esse fato favoreceu o aumento das tecnologias na assistência aos partos e aos nascimentos, visíveis, por exemplo, pelo aumento da taxa de cesarianas. A taxa mundial é de 21% (um a cada cinco partos) e a tendência é que suba para 29% até 2030[46].

---

[44]   STARR, 1991.
[45]   MOREIRA; PARTICHELLI; BAZANI, 2019, p. 119.
[46]   OMS, 2021.

A literatura classifica diversas práticas hospitalares rotineiras como desnecessárias. Isso pelo fato de elas não apresentarem evidências científicas que comprovem seus motivos ou benefícios:

> [...] a não adesão dos profissionais às "melhores práticas clínicas" na assistência se deve principalmente à falta de conhecimento sobre o organismo feminino, ou seja, ao desconhecimento dos profissionais sobre as necessidades da mulher e do processo fisiológico envolvido no parto e no nascimento[47].

Na verdade, existem evidências de que, quanto maior o número de intervenções feitas num processo natural, e de risco habitual, são maiores as chances de complicações[48].

Vejamos como o processo de parturição é descrito na literatura trabalhada. As gestantes dão entrada na maternidade de forma padronizada, na maioria dos hospitais, separando-se dos acompanhantes e tendo suas roupas e itens pessoais substituídos por camisolas hospitalares. É comum que o trabalho de parto seja acelerado por meio de métodos dolorosos, como a infusão de ocitocina sintética e a amniotomia[49]. Já a aceleração do parto em si se dá por manobras, algumas inclusive banidas pela OMS, como a manobra de Kristeller, e episiotomias sem indicações de reais benefícios à parturiente.

Sobre a episiotomia, trata-se de um procedimento indicado para prevenir danos à integridade perineal materna ou em caso de complicações com o feto. Porém, seu uso acontece nas maternidades de forma rotineira, sem indicativos de vantagens para a saúde da gestante e do bebê, além de que a maioria das mulheres não é informada de que o procedimento será feito e desconhece seus benefícios. Quando a realização do procedimento é orientada de forma errônea, ou até mesmo não comunicada, essa intervenção ganha caráter de mutilação genital. Isso porque agride a integridade e a autonomia da mulher, configurando-se também como violência obstétrica.

Em 1996 a OMS já havia classificado o procedimento em rotina como algo a ser extinto. Concomitantemente, o Ministério da Saúde prevê taxas de 15% a 30% de episiotomias em partos normais. Porém, isso diverge da realidade dos hospitais-maternidade. Como apontou um estudo nacional[50]

---

[47] ROCHA; ZAMBERLAN; BACKES, 2018, p. 3.

[48] *Ibidem.*

[49] Amniotomia é uma técnica utilizada para induzir o parto, caracterizando-se pela ruptura artificial da bolsa amniótica.

[50] LEAL; PEREIRA; DOMINGUES *et al.*, 2014.

sobre intervenções obstétricas no trabalho de parto e no parto, a episiotomia está presente em 56% dos partos vaginais no Brasil. Na tentativa de reduzir essas taxas, em 2005 o Ministério da Saúde assegurou, pela portaria 1067[51], que o uso de recursos e intervenções na Atenção Obstétrica e Neonatal do SUS será feito somente quando necessário. Complementando as normatizações da humanização do parto, foi publicada também a portaria 353/2017, que prevê obrigatória a orientação da gestante (ou de seu responsável legal) quanto aos procedimentos, aos riscos e às adversidades relacionados aos processos de parturição vaginal.

A episiotomia de rotina é justificada por beneficiar a parturiente. Em hipótese, ela previne lacerações espontâneas do períneo. Porém, além de não haver estudos que comprovem sua relação com menores taxas de laceração, ela ainda está associada a lacerações graves, dores intensas pós-parto, infecções, entre outras complicações[52].

Outra questão atrelada ao parto vaginal é a imobilização da gestante. Em vários países da América Latina, com foco no Brasil, cerca de 90% das gestantes dão à luz em posição supina[53], ou seja, deitadas com as costas na maca e de pernas abertas. É comum que a mulher seja imobilizada no decurso, com os membros presos à maca. Evidências científicas demonstram que essa é uma posição potencialmente danosa para a parturiente, constatada como antifisiológica[54]. Os profissionais encaram essa posição como "preferência" da gestante, porém, na falta de informações sobre outras posições que podem ser adotadas no parto, entende-se que a posição litotômica, seguida da imobilização da parturiente, é advinda de protocolos hospitalares:

> [...] "O gestor comentou que as enfermeiras da instituição eram mais flexíveis, mas os médicos nem tanto" (Diário de campo); [...] "É raro um médico que sabe acompanhar parto que não seja com a mulher 'posicionada'. É mais comum entre as enfermeiras, mas só algumas delas" (Técnica de enfermagem, grupo focal)[55].

---

[51] Disponível em: https://www.legisweb.com.br/legislacao/?id=193664#:~:text=%2D%20garantir%20de%20aten%-C3%A7%C3%A3o%20%C3%A0%20mulher,bem%2Destar%20materno%20e%20neonatal. Acesso em: 1 jun. 2022.
[52] CARNIEL; VITAL; SOUZA, 2019.
[53] NIY et al., 2019.
[54] DAVIS-FLOYD, 2003.
[55] NIY et al., 2019, p. 7.

Acredita-se que a preferência pela posição de litotomia seja, na verdade, dos profissionais, por facilitar a visão do canal de parto para que as intervenções sejam feitas.

Além disso, as formas de violência dentro do ambiente hospitalar são visíveis na relação entre equipe e pacientes. A linguagem pouco adaptada na transmissão de informações e, por vezes, a falta de comunicação com os pacientes são condutas comuns. Seja por regras hospitalares, às quais todos estão sujeitos, por protocolos de intervenção ou pelo contato interpessoal, a assistência violenta acontece em lócus de cuidado à saúde, e isso não se restringe ao serviço público ou ao serviço privado de saúde. Em teoria, os hospitais zelam pela proteção e recuperação da saúde, entretanto diversas práticas não vão ao encontro do bem-estar das pacientes da maternidade.

Em relação à prática médica, o código de ética da categoria postula condutas vedadas aos profissionais:

> Artigo 22: Deixar de obter consentimento do paciente ou de seu representante legal após esclarecê-lo sobre o procedimento a ser realizado, salvo em caso de risco iminente de morte;

> Artigo 24: Deixar de garantir ao paciente o exercício do direito de decidir livremente sobre sua pessoa ou seu bem-estar, bem como exercer sua autoridade para limitá-lo;

> Artigo 31: Desrespeitar o direito do paciente ou de seu representante legal de decidir livremente sobre a execução de práticas diagnósticas ou terapêuticas, salvo em caso de iminente risco de morte[56].

Porém, a recusa de prescrições e rotinas hospitalares por parte da paciente é tida como uma inconveniência. Mesmo que a autonomia seja suscitada por médicos, as condutas profissionais e institucionais tendem à imposição de limites quanto à decisão das pacientes. Dessa maneira, percebemos o efeito de passividade e docilidade dos corpos no formato hegemônico de assistência.

Esse cenário hierarquizado dos hospitais e a relação entre pacientes e equipe obstétrica muitas vezes acarretam no silenciamento materno. Nesse sentido, os Cadernos HumanizaSUS, publicados em 2014, especificamente o volume 4, "Humanização do Parto e do Nascimento", orientam que a parturiente deve ser ouvida, e que seus desejos devem ser respeitados ao

---

[56] CFM, 2009.

longo do ciclo gravídico. Dentro das possibilidades do hospital e da equipe, a exceção da prescrição é em caso de pedido/vontade da gestante oferecer risco a ela ou ao(s) bebê(s). Porém, o que se encontra na literatura é a utilização dessa orientação de modo enviesado aos interesses da equipe. Esse discurso sobre os possíveis riscos para o(s) bebê(s) geralmente é usado para que os profissionais tomem todas as decisões da assistência obstétrica. Portanto, em nome do bem-estar do(s) bebês(s), o corpo da parturiente é tido como um corpo reprodutor, objetificado, e não mais subjetivado[57].

Com maior frequência, a violência acontece ao longo do trabalho de parto, e por isso, a cesariana é uma opção bastante visada pelas mulheres. Muitas gestantes encaram a cesárea como uma forma de "escapar" de possíveis humilhações, constrangimentos e desrespeitos ao longo do trabalho de parto. Esse fato fica evidente no cenário brasileiro, o qual apresenta a taxa de 5,6% de mulheres com gestação de baixo risco que conseguem um parto normal de maneira natural, sem intervenções[58]. Apesar da conjuntura favorável ao parto vaginal, a taxa de mulheres que preferem a cesárea chega a 46,6%[59]. Isso acontece mesmo o parto vaginal possuindo benefícios, que resumidamente são a recuperação mais rápida, maiores êxitos na lactação materna, menores riscos de depressão pós-parto, de infecções e de hemorragias. Além disso, o Brasil é campeão mundial de cesáreas, com taxa de 50% de nascimentos por cesariana no total, e a maioria das cirurgias acontece na saúde suplementar[60] (84%). Frente à iatrogenia e às intervenções desnecessárias da assistência obstétrica, principalmente no trabalho de parto, a predileção fica para a cesariana. Desse modo, a participação da gestante se restringe a estar deitada, sedada, e colaborando para que os médicos façam seus trabalhos.

É comum que mulheres considerem os maus-tratos como cuidados inevitáveis em saúde[61]. O ambiente hospitalar silencia os pacientes frente à ordem médica, o que por si só explicita o caráter disciplinar e hierárquico desse meio. No que tange à própria posição do gênero no sistema de predominância patriarcal, o feminino é inferior ao masculino, e isso somado à condição de paciente, tem-se parturientes duplamente inferiores em relação

---

[57] SENS; STANN, 2019.
[58] LEAL et al., 2014.
[59] DOMINGUES et al., 2014.
[60] Disponível em: http://www.ans.gov.br/aans/noticias-ans/consumidor/2718-ministerio-da-saude-e-ans-publicam-resolucao-para-estimular-parto-normal-na-saude-suplementar. Acesso em: 1 jun. 2022.
[61] CASTRO; SAVAGE, 2019.

a essas hierarquias. Pensando que a cultura afirma e introjeta a submissão da mulher como algo natural, é recorrente que as mulheres não percebam que foram submetidas a maus-tratos, sendo as formas de cuidado dentro da maternidade entendidas como "normais".

Mesmo diante de toda a problemática e crescentes denúncias, existe intensa resistência médica em seguir recomendações que adotem e respeitem os direitos humanos das mulheres e as evidências científicas. Os hospitais-escola, lócus de transmissão e de ensinamento de profissionais da saúde, são os hospitais mais resistentes a inovações e os que mais realizam procedimentos desnecessários aos processos de parturição. Como exemplo tem-se altos índices de episiotomia, que sob o manto do "ensino" colocam esses hospitais como seus maiores representantes do país[62].

Entrarei em maiores detalhes sobre a assistência obstétrica e o cuidado com a gestante no contexto hospitalar no Capítulo 3. Expus aqui alguns sinais de violência em hospitais-maternidade, porém dedico um capítulo inteiro sobre o assunto, visto a importância do debate dos contextos que incitam investigações sobre essa modalidade de violência contra a mulher.

---

[62] DINIZ *et al.*, 2018.

Capítulo 2

ORIGENS E CAUSAS DA VIOLÊNCIA OBSTÉTRICA

2.1 Biopolítica e a colonização do corpo da mulher

Neste segundo capítulo, coloco em evidência algumas teorias que explicam e interpretam o cenário obstétrico atual. A intenção é compreender, sob alguns prismas teóricos, o motivo pelo qual a violência se faz presente na assistência ao pré-natal, parto e puerpério. Começo, então, com as formas de colonização dos corpos das mulheres por meio da biopolítica.

Para entender o conceito de biopolítica, recorro às postulações feitas pelo filósofo Michel Foucault. Em sua obra *A história da sexualidade I: A vontade de saber*, o autor compreende que o privilégio de um soberano é de ter o direito de usufruir da vida de seus súditos. Isto é, o soberano tem o poder de manter, bem como de retirar-lhes a vida[63]. Na concepção foucaultiana, tal fato provavelmente deriva do direito do pai romano que, por dispor da vida de filhos e escravos, pode também retirar-lhes a vida. Em caso de o soberano estar sob ameaça de morte ou de contestação de sua posição, os súditos podem defendê-lo, sem que seja proposta a morte desses súditos, mas é lícito que suas vidas sejam expostas. Ele também tem o direito de matar seus súditos na ocasião de infração de leis, como castigo. Desse modo, o autor vincula o direito à vida não mais a um privilégio absoluto, mas a uma condição para defesa de um soberano e de sua sobrevivência.

Em dado momento, houve uma transformação dos mecanismos de poder no Ocidente. Em resumo, fez-se necessário que forças fossem organizadas, sistematizadas, controladas e vigiadas, e com esse propósito o poder direcionava os esforços na produção, crescimento e fortalecimentos de suas forças. O ordenamento se sobrepôs à destruição, e então o poder assumiu o encargo de promover a vida. Nessa conjuntura, algo que ofereça risco ou perigo de vida para os outros é, legitimamente, criminoso, visto a contradição que apresenta numa sociedade em que as forças estão indo na

---

[63] FOUCAULT, 1988.

direção oposta. O poder que antes possuía o direito de propiciar a morte ou permitir a vida, agora, é o poder que gerencia a vida ou desenvolve a morte.

Foram principalmente de duas formas que esse poder sobre a vida se desenvolveu, a partir do século XVII. A primeira foi centrada no adestramento do corpo, em ampliar suas aptidões, aproveitar ao máximo suas forças, aumentar sua utilidade e docilidade. Assim, essa primeira forma centra-se no corpo como máquina. A segunda forma, que se consolidou na segunda metade do século XVIII, centra-se no corpo-espécie, no corpo que dá suporte aos processos biológicos. Dessa maneira, o foco do poder centrou-se nos nascimentos e na mortalidade, na saúde e na longevidade. Essa forma de poder foi assumida por meio de intervenções, uma biopolítica populacional. Por um lado, a disciplina do corpo, e por outro, a regulação da população, de modo que unindo esses dois polos organiza-se o poder sobre a vida. Dessa maneira, durante essa época, estabeleceu-se que a função mais elevada do poder é dedicar-se sobre a vida de cima para baixo. A morte, que outrora era símbolo do poder soberano, agora se disfarça pela administração e gestão da vida.

Esse "bio-poder" foi indispensável na formação e no desenvolvimento do capitalismo, que se garantiu na medida em que houve o ajuste populacional em meio a processos econômicos efervescentes. Foucault coloca que as instituições de poder, enquanto aparelhos do Estado, foram responsáveis pela manutenção das relações de produção até o século XVIII, sendo elas a família, o Exército, a escola, a polícia, a medicina, entre outras. Depois do século XVIII, a biopolítica foi desenvolvida como técnica de poder a fim de estar presente em todas as camadas sociais para ser usada nas diversas instituições. Dessa maneira, a biopolítica age nos processos econômicos, bem como operou fatores de hierarquização da sociedade que garantiram a permanência das relações de dominação. Sendo esse um momento no qual era indispensável a dedicação, a valorização e boa gestão do corpo vivo e de suas forças, a biopolítica operacionalizou o crescimento das forças produtivas por meio de um ajustamento dos corpos às necessidades do capital.

O capitalismo, em desenvolvimento no fim do século XVIII e começo do século XIX, fez a socialização do corpo enquanto força de produção e trabalho[64]. O corpo, por ser uma realidade biopolítica, foi o primeiro objeto a ser socializado pelo capitalismo. Nesse sentido, a medicina age como uma estratégia da biopolítica. Aqui vale discorrer sobre a história da medicina

---

[64] FOUCAULT, 1979.

social no Ocidente, que será de grande contribuição para as discussões que seguem.

A princípio, o foco da medicina social não era o corpo trabalhador. Esse interesse emergiu a partir da segunda metade do século XIX, quando os problemas de saúde a níveis de produtividade se tornaram, de fato, objetos da medicina. Foucault na obra *Microfísica do Poder* reconstitui a formação da medicina social em três etapas: a medicina de Estado, a medicina urbana e a medicina da força de trabalho. Farei uma síntese dessas três etapas a seguir.

A medicina de Estado se desenvolveu principalmente na Alemanha ao longo do século XVIII. Ao final do século XVI e início do XVII, período no qual o mercantilismo era predominante, as nações europeias começaram a se preocupar com a saúde de suas populações. Tanto a França quanto a Inglaterra iniciaram a contabilizar as populações, de acordo com estatísticas de nascimento e mortalidade, mas apesar disso nenhuma medida que pudesse elevar a expectativa de vida e a saúde dos indivíduos era tomada. A Alemanha desenvolveu práticas médicas que melhoraram a saúde da população. Isso se deu pela polícia médica, que possuía um sistema de registros de morbidade mais complexo e normalizou o ensino e a formação médica. Ao final do século XVIII a formação dos médicos passou a ser controlada pelo Estado. Dessa forma, "antes de aplicar a noção de normal ao doente, se começa por aplicá-la ao médico. O médico foi o primeiro indivíduo normalizado na Alemanha"[65]. Percebe-se que a medicina e a profissão médica foram os primeiros objetos de normalização naquele país.

A partir dessa organização nacional que normalizou a profissão médica pela subordinação dos profissionais a uma administração centralizada, foram observados vários fenômenos que possuem características da chamada medicina de Estado. Mesmo que aparentemente precoce, essa medicina não objetivava que as forças produtivas fossem adaptadas às demandas industriais. Ela se interessava em controlar a força estatal, isto é, do Estado em seus conflitos políticos e econômicos. Essa medicina de Estado alemã funcionava de maneira coletivizada e estatizada, sendo sua gradação de uma medicina estatizada e socializada a uma medicina individual, como é o modelo hegemônico ocidental. A medicina clínica, conhecida amplamente a partir do século XIX, é uma forma branda desse modelo estatal de medicina presente na Alemanha.

---

[65] *Ibidem*, p. 83.

A segunda etapa da medicina social aconteceu na França no final do século XVIII. A agitação do momento fez com que aparecesse uma medicina social sem muito suporte do Estado, ao contrário do que aconteceu na Alemanha, porém, com a urbanização, era um fenômeno em progressão. Dessa forma, foi a partir de estruturas urbanas que a medicina social se desdobrou na França. Isso porque grandes centros urbanos sentiram a necessidade, por razões econômicas e políticas, de tornarem-se uma unidade, e se organizarem a partir de um poder único, centralizado e bem regulado. Vários fenômenos médicos e políticos agitavam a população, até que alguns mecanismos foram empregados para levar resoluções às demandas. Uma das intervenções bem estabelecidas foi o modelo médico e político da quarentena.

Esse modelo de organização sanitária advém de outros modelos da história médica ocidental, sendo um deles articulado a partir da lepra e o outro da peste. A lepra, na Idade Média, foi tratada com o exílio, ou seja, o mecanismo utilizado era a exclusão. Os leprosos eram enviados para fora dos aglomerados populacionais. No caso da peste negra, a medicina não era de exclusão, mas de vigilância. Os indivíduos afetados foram isolados, fiscalizados, observados em estado de saúde um a um, de modo que o espaço ficou esquadrinhado para melhor inspeção e controle de todos os infectados. Enquanto a reação médica frente à lepra foi de exclusão e purificação urbana, frente à peste foi de internamento e de análise, seguindo um modelo militar. Esse método de vigilância por meio da hospitalização e internação, mais tarde, veio a se aprimorar para a grande medicina urbana que se desenvolveu na França no final do século XVIII.

A medicina urbana se desenvolveu com o objetivo de analisar o território, controlar a circulação, principalmente da água e do ar, organizar e distribuir esses elementos no espaço coabitado. Isso se deu devido à aglomeração no espaço urbano, o empilhamento de corpos a céu aberto nos cemitérios, a contaminação do ar, os esgotos que desembocavam em fontes de água potável, e a consequente propagação de endemias e epidemias formadas nessas situações. Em decorrência disso, a medicina entrou em contato direto com outras ciências, socializando o saber científico com a coletividade urbana, num trabalho conjunto necessário. Esse foi, inclusive, o início da medicina científica do século XIX. A prática médica, então, passou a se preocupar com as condições de vida dos corpos e organismos, com questões de salubridade e higiene públicas. Essa organização não era dotada de instrumentos de poder, tal qual a medicina de Estado na experiência alemã, mas se aproximava das coletividades populacionais.

O QUE É VIOLÊNCIA OBSTÉTRICA?

A terceira etapa da medicina social é analisada por meio do modelo inglês de saúde. Tal modelo tem como objeto de medicalização central os pobres e a força de trabalho, embora esses aspectos não tenham sido seu foco. Até a metade do século XIX, os pobres não eram vistos como perigosos, pois eram eles quem instrumentalizavam a vida e a existência urbana pelos seus trabalhos para a burguesia. Eles eram fundamentais para o funcionamento das cidades. No entanto, a partir de determinado período do século XIX, a população pobre adquiriu caráter de perigo; primeiramente, devido à força política que eles representavam, oportunamente revoltosa. Um segundo ponto foi devido à cólera de 1832 ter se instalado principalmente na plebe, e desde o ocorrido, os ricos e pobres não dividiam mais o mesmo espaço de coabitação urbana. Desse modo, os pobres foram apontados como perigo sanitário e político. Por ter sido a Inglaterra o principal polo de desenvolvimento industrial da época, o proletariado lá cresceu exponencialmente, e a partir daí essa nova forma de medicina social se desenvolveu para controlar as demandas de saúde da sociedade.

A medicina da Inglaterra passou para o nível social a partir do momento em que a população pobre foi assistida e submetida aos controles médicos. E aqui está um ponto importante da história da medicina social: a assistência intervinha sobre os pobres, ajudando-os com questões de saúde, e também assegurava a proteção das classes ricas das possíveis doenças advindas das classes pobres. A assistência em saúde controlava os pobres a fim de proteger os ricos. Dessa maneira, a legislação médica trabalhava para resolver problemas políticos da burguesia.

Esse sistema possibilitou que o pobre tivesse a saúde assistida, a força de trabalho fosse controlada e a saúde pública em geral fosse vigiada, ao mesmo tempo que as classes ricas permaneciam protegidas. A medicina social da Inglaterra fez com que três sistemas médicos coexistissem, um de assistência aos pobres, um administrativo, encarregado de demandas gerais, e um sistema de saúde privado, que beneficiava os burgueses.

Fazendo um paralelo entre a medicina urbana da França, a medicina de Estado alemã e a medicina social da força de trabalho inglesa implementada no século XIX, esta última teve um futuro próspero. Isso se deu porque essa medicina é essencialmente a assistência que controla e torna aptos ao trabalho os corpos das classes mais pobres, em função de uma segurança política para a burguesia. Atualmente, os sistemas médicos ocidentais de assistência à saúde são os mesmos que compuseram a medicina social inglesa, e fazem funcionar os três setores principais, mesmo que articulados de formas diferentes.

43

Os conceitos de biopolítica e biopoder de Foucault, na obra *Em defesa da sociedade*[66], explicam a apropriação e o controle dos corpos pela saúde. Vimos que no final do século XVIII e início do século XIX, junto à ascensão do capitalismo, a tecnologia de controle passou de disciplinar para regulamentadora. Outrora produtora de efeitos individualizantes, aplicadora de forças para docilizar os corpos, a tecnologia então passou a atuar no controle populacional por meio da modificação de eventos da vida em massa. Nesse contexto, os nascimentos, óbitos, a fecundidade, a longevidade, todos os modos de fazer viver e deixar morrer passaram a ser controlados estrategicamente. A medicina social passou a servir como um dos mecanismos de controle de Estado. Assim, sua função essencial instrumentaliza a política regulamentadora, e por ela os saberes e informações são transmitidos, normalizados e normatizados.

No cenário de inspeção pública do século XIX, numa tentativa de normalizar os sujeitos, houve intensas investidas e imposições do modelo ideal de família, como retrata a autora Margareth Rago[67] na obra *Do cabaré ao lar*. A análise e classificação médica, higienista e criminologista, afirma que o espaço público deveria ser higienizado e normalizado, a qual é herança dos modelos de medicina social na Europa. As investidas para essa normalização foram primeiramente voltadas sobre a classe operária, uma vez que se fazia necessário que hábitos moralizados e regrados fossem substituídos pelas práticas populares, consideradas anti-higiênicas. Então, a domesticação do operariado pelo modelo imaginário de família da sociedade burguesa aconteceu, o qual dispunha da "[...] família nuclear, reservada, voltada sobre si mesma, instalada numa habitação aconchegante", que exercia o "[...] espírito trabalhador, integrando-o ao universo dos valores dominantes"[68]. Essa nova configuração se instalou não apenas nos países europeus, mas também no Brasil.

Nessa configuração de família, um novo modelo de feminilidade foi promovido, e a mulher passou a ser a peça que agencia as relações familiares enquanto esposa, dona de casa e mãe de família. Às mulheres foi delegado o zelo pela vida cotidiana de todos os membros da família, de modo que ela sabia dos mínimos detalhes, prevenindo quaisquer sinais de emergência,

---

[66] FOUCAULT, 2000.

[67] Para debater a invasão médica e científica no cotidiano social, nos processos de saúde/doença e na administração moral da família, utilizo a obra *Do cabaré ao lar* de Margareth Rago (1985). A autora brasileira pesquisa e atua principalmente nas áreas de Teoria da História e História do Brasil República, feminismos, subjetividade e gênero.

[68] RAGO, 1985, p. 61.

doenças ou desvios. Conectado a isso, a infância passou a ser compreendida como o futuro da nação, uma riqueza, devendo ser bem agenciada para futuramente compor a força de trabalho industrial. Toda a atenção e os cuidados médicos se voltaram às crianças, e era indispensável que as mães também se atentassem aos filhos. Esse novo modelo normativo incumbido à mulher se iniciou nas classes mais ricas para depois passar às classes trabalhadoras. Agora a educação da mulher era principalmente voltada ao preparo de sua "sagrada" função doméstica e maternal, e não profissional. Diante dessa conjuntura, a mulher tornou-se a soberana afetiva, vigilante do lar, porém de corpo frágil e assexuado. Desvalorizada política, profissional e intelectualmente, ela em si não é nada, e sua realização virá por meio das conquistas do marido e dos filhos.

O conceito dessa nova mulher surgiu principalmente das obras do filósofo iluminista francês Jean-Jacques Rousseau. Os pensamentos do teórico influenciaram grandemente os homens cultos dessa época, tanto nos países europeus quanto no Brasil. No livro *Emílio, ou Da educação*, publicado em 1762, o autor descreve a natureza feminina e representa a mulher burguesa como fraca de natureza, com alto grau de submissão e passividade, complementar ao homem, o qual é definido como forte, ativo e inteligente. Espera-se esse ideal de ter uma educação que a prepare para o matrimônio e para a maternidade, caminhos que ela tem a obrigação de seguir, visto que são traçados pela própria natureza. O catolicismo, complementando esse pensamento, coloca a mulher em paralelo à imagem da Santa Maria, uma mãe dessexualizada e pura, totalmente o contrário da imagem da mulher sensual, associada ao pecado e à perdição dos homens. Dessa maneira, percebemos a polarização dos modelos femininos: de um lado, a santa Mãe que renuncia dos prazeres mundanos em razão do lar e dos filhos, e, do outro, a mulher desviante, sensual e pecadora. Essas concepções de figuras femininas foram referências paradigmáticas dos médicos sanitaristas que concentravam seus esforços na medicalização social.

As características essenciais da personalidade da mulher, do menino e da menina, são definidas pelo discurso médico. O dito discurso assume papel de tutela da educação, ditando modos de agir de forma a não contrariar as normas "naturais" já determinadas. Para a educação da menina, os qualificativos passivos, dóceis, maternos e românticos serão atribuídos, ao passo que para o menino serão da ordem da racionalidade, do poder e da liberdade. Nessa organização, a mãe conduzia integralmente a educação dos filhos, e o médico da família, figura indispensável, prevenia doenças físicas e deslizes morais.

O discurso médico-sanitarista se coloca como sustentação científica para a normatização do lugar da mulher na sociedade. A partir principalmente da questão do aleitamento materno é que esse discurso se inicia, no início do século XIX. A medicina postulou que a mulher possui sentimento inato, puro e sagrado, que é voltado aos filhos e ao cuidado do lar, dessa forma, as mulheres que não são casadas, mães, e não amamentam, estão desobedecendo a ordem natural e colocando em risco o futuro de uma nação.

A partir de ideias como "vocação natural", "procriação" como função da mulher, entre outros argumentos de cunho moral, na metade do século XIX o médico se tornou tutor do lar, tratando de convencer a mulher ao seu enquadramento nesse modelo de feminilidade. Enquanto o papel do homem era voltado ao trabalho na esfera pública, na vida doméstica estava a mulher, dotada de instinto natural feminino e responsável pelo avanço da sociedade. Dessa maneira, a medicina se apropriou da sexualidade, dos processos vitais do corpo feminino, o objetificou, produziu saberes sobre ele, e estabeleceu condutas baseadas em tais saberes.

Elaborei uma linha do tempo, desde a formação da medicina social no século XVIII, até o século XIX, com o médico ocupando o cargo de tutor do lar para descrever parte do processo de apropriação do corpo da mulher. Percebe-se que ao longo do tempo e dos acontecimentos históricos, os corpos foram taticamente cuidados, e a saúde organizada e sistematizada a serviço estratégico da biopolítica. Até o momento em que o corpo feminino foi visto como receptáculo do futuro de uma nação, dado seu potencial procriador, domesticá-lo foi uma solução para o controle. Para tanto, surgiram os discursos de poder social a fim de contribuir para essa domesticação da mulher na cultura ocidental.

As violências na assistência à mulher e à gestante, portanto, podem ser compreendidas como formas de condutas disciplinares, visando à adequação dos corpos para os papéis sociais impostos. Além das diversas formas de violência intrínsecas à violência obstétrica, ela também é uma forma de poder disciplinar que contribui para a produção de corpos dóceis em vista da potencialização das gestações, partos e cuidados ao recém-nascido. Por fim, é possível considerar essa perspectiva da violência como mecanismo de controle e opressão, visto que os corpos das gestantes e seus bebês estão inseridos em um contexto hospitalar amplamente marcado pelo autoritarismo e pela hierarquização de saberes.

2.2 Medicalização do parto – transição do parto para o ambiente hospitalar

Para falar sobre a racionalidade médica, e como o parto se tornou um evento totalmente medicalizado na cultura ocidental, é necessário recorrer à história dos partos e dos nascimentos. Até o século XVI nas sociedades ocidentais, o parto, o nascimento e outros eventos fisiológicos femininos eram saberes exclusivos das mulheres[69]. Partos e nascimentos aconteciam no ambiente íntimo e privado das casas, onde geralmente a presença dos homens não era permitida. Os saberes dos processos de parto foram secularmente restritos às mulheres, entre elas curandeiras, parteiras, comadres, e apenas elas conheciam os procedimentos necessários e assistiam as gestações, partos, puerpérios e abortos. A atuação dessas mulheres junto às gestantes era de caráter afetivo, e envolvia cuidado, conforto e incentivo.

Esse cenário se modificou por um conjunto de fatores. Junto ao Iluminismo vieram também as concepções científicas dos fenômenos do mundo. Eventos cotidianos e naturais da vida foram gradativamente concebidos e explicados por métodos e parâmetros científicos, inclusive foi esse o período de fortalecimento da medicina como forma de controle dos corpos. O conhecimento médico-científico passou a desqualificar todas outras atuações e saberes que não seguissem seus parâmetros, como era o caso dos curandeiros, boticários e também das parteiras. Essa conduta também beneficiava o Estado e a Igreja, uma vez que, trabalhando em conjunto com a medicina, eles estrategicamente teriam conhecimento e controle dos partos. Com a sociedade capitalista em desenvolvimento, o método científico foi ideal para a ampliação das forças de trabalho e da defesa dessas instituições. Então, a partir dos séculos XVII e XVIII, a profissão de parteira entrou em declínio e a assistência à gestação, ao parto e ao nascimento passou para o domínio médico[70]. Antes, o parto estava fortemente ligado à religião e à Igreja, e então passou a se relacionar também à medicina.

Esse domínio se estendeu aos processos de abortamento. Com a retirada das parteiras das cenas de parto, os abortamentos foram controlados, não apenas por razões morais e religiosas, mas também pela finalidade utilitarista de controle da população. O Estado, a Igreja e a medicina comungavam esforços em prol de seus interesses, de modo que não foi uma eventualidade o fato de a Igreja Católica confirmar que fetos possuem alma na segunda

---

[69] SENA, 2016.
[70] Ibidem.

metade do século XIX. O feto, anteriormente uma questão exclusiva das mulheres, foi valorizado e passou a representar o futuro da nação, de modo que o abortamento passou a caracterizar conflitos de interesses, sendo necessária intervenção[71].

A cena de parto se tornou um ato médico a partir da hierarquização do conhecimento, com a academia e o conhecimento científico posicionados como superiores. Vale ressaltar que o conhecimento científico era disponibilizado apenas para homens, visto que as mulheres não eram permitidas na academia e na educação formal. Mesmo com a ciência médica atingindo o topo da hierarquia social, a tradição da assistência feminina realizada por parteiras era secular, e, nesse sentido, seria necessária uma mudança de tradições para que o parto passasse aos cuidados da medicina. A mudança se deu primeiramente pelo discurso do risco, e uma vez que a gestação e o parto não eram tidos mais como processos naturais, o conceito de anormal atuou para que o parto passasse a ato médico pela suposta segurança que ele traz[72].

A ideia de risco se estabeleceu devido a intervenções tecnológicas inseridas no processo de parturição. A partir do século XVIII foram desenvolvidos alguns instrumentos para facilitar o parto, como o fórceps, e em razão do aumento do uso desses aparatos houve também aumento de condições patológicas que levaram milhares de mulheres à morte. Dessa maneira, a medicina criou o próprio risco de morte para mães e bebês, e utilizou desse discurso para institucionalizar o parto. No Brasil, a partir da segunda metade do século XIX, a medicina discursava em defesa da hospitalização dos processos de parturição e da criação de maternidades.

O hospital se tornou um lugar estratégico. Já que ele visava garantir a saúde e a cura da população, poderia também garantir o bom exercício dos processos de parto. Até o século XVIII, os hospitais eram lugares extremamente contaminados, pois eram utilizados principalmente como asilo para doentes, e isolava a população enferma da população saudável. A medicina consolidada como saber científico, abrindo caminhos para um controle social dos corpos, inclusive, diminuiu a capacidade de enfrentamento autônomo das condições de saúde por parte da população[73]. Isso pode ser percebido nitidamente na exclusão da parteira tradicional da cena de parto. No Brasil do século XIX, o grande esforço da medicina era a mudança de assistência

---

[71] CAHILL, 2001.

[72] VIEIRA, 2002.

[73] SENS; STAMM, 2019.

ao parto, do domicílio para o ambiente hospitalar. Mesmo que a mortalidade materna fosse maior no hospital, com o desenvolvimento de técnicas cirúrgicas, anestésicos e combate a infecções, o ambiente hospitalar se consolidou como seguro. Essa transferência de cenário também se fez pelo "bem da ciência", em razão de que o parto domiciliar impossibilitava a instrução e a intervenção médica.

Com a consolidação da medicina moderna como discurso científico hegemônico, o anormal e o patológico foram medicalizados, além de necessitarem de inspeção contínua. A gestação, o parto e o nascimento, que antes eram processos naturais, agora passaram a ter caráter de risco, compreendidos como não naturais, e fazendo parte do rol de eventos que exigem controle. A medicalização aqui também funciona como forma de controle. Dessa maneira, medicalizou-se a saúde da mulher, primeiro pelo parto e pelo nascimento, depois pelos corpos e demais processos fisiológicos, de forma que, inseridos no campo de objetos apropriados pela medicina, tornaram-se passíveis a diversos tipos de intervenções.

Essa mudança de cenário modificou a forma de assistência ao parto. Sob o olhar da racionalidade médica, o corpo é fragmentado, e cada parcela deve ser olhada de forma separada. Nesse novo modelo tecnológico de assistência, a gravidez diz sobre a experiência da mulher enquanto o parto é um episódio médico, circunscrito no campo de saber da medicina e retirado das demais experiências de vida da mulher.

O hospital enquanto lócus médico é um equipamento de saúde marcado pela hierarquia. Ele opera tendo como base as relações assimétricas de poder. Ali, o saber médico ocupa o topo em relação aos demais profissionais e aos pacientes. Para manter o controle e a opressão operantes, a atenção médica tende a desconsiderar todo o "conhecimento de mundo" das mulheres, de maneira que o saber médico precede todas as tomadas de decisão. Sob essas condições de atendimento, as mulheres se sentem compelidas a colaborar para que os médicos façam seus trabalhos sem importunações. Assim sendo, as gestantes são espectadoras de seus próprios processos reprodutivos ao serem submetidas à hierarquia hospitalar.

A rotina hospitalar atual deixa explícito o caráter disciplinar e hierárquico da assistência à gestante. As práticas no hospital, local asséptico, de cura e saúde, também prescrevem uma imagem igualmente asséptica para as gestantes. Um exemplo disso é o "cerimonial de internação", protocolo de assistência à gestante, pelo qual elas necessariamente passam ao darem entrada no hospital-maternidade. Elas se separam de seus acompanhantes, caso haja, as roupas são substituídas por camisolas hospitalares, seus objetos pessoais são retirados. Em seguida, são submetidas a limpezas corporais, raspagem de pelos e enema, e então aguardam até a hora do parto em jejum e sem permissão de deambular pelo hospital[74]. Embora nem todos os hospitais tenham essa conduta atualmente, a literatura descreve o cenário de rotinas hospitalares dessa forma com frequência. A imagem higienizada e monocromática imposta às parturientes e as condutas cirúrgicas normatizadas são parte do Manual de Obstetrícia, o qual normatiza o atendimento integralmente. Esse ambiente desconsidera saberes que não sejam o dominante, homogeneíza as gestantes, de forma que individualidades, autonomia e poder de decisão são perdidos. As hierarquias da rotina hospitalar e as relações assimétricas entre gestantes e médicos demonstram que a participação da gestante no processo de parto é dar espaço e não atrapalhar o exercício profissional.

Os partos que ocorrem no ambiente hospitalar expõem experiências de extrema medicalização, mesmo quando não existem indicações para práticas interventoras. Ainda que a opção e a indicação obstétrica sejam de parto normal, comumente gestantes recebem intervenções que o induzem e o aceleram, além de manobras e procedimentos para esse fim. Cerca de 5% das gestantes de baixo risco usufruem do desfecho de parto normal de maneira natural, sem indução e aceleração de processos[75]. Protocolos e regulamentações obstétricas são soberanos na assistência às gestantes, portanto, justificam esse modelo de assistência ao parto, de forma que todas as gestantes que dão entrada na maternidade passam necessariamente por eles. É notável que nas rotinas da assistência não exista espaço para as vontades e decisões das parturientes.

Esse mesmo contexto hospitalar que medicaliza o parto normal, não por acaso, coloca a cesariana como opção mais segura e viável de parto. A cirurgia, inclusive, naturalizou-se nas rotinas hospitalares devido a políticas regulamentadoras de práticas nas maternidades. De acordo com o Relatório de Recomendação da operação cesariana[76], a cirurgia é essencial para partos e nascimentos seguros em caso de ser realizada sob indicações médicas. No entanto, a cesariana oferece riscos desnecessários se indicada sem evidências

---

[74] NAGAHAMA; SANTIAGO, 2005.

[75] MIRANDA *et al.*, 2019.

[76] Relatório de recomendação "Diretrizes de Atenção à Gestante: a operação cesariana", publicado pelo Ministério da Saúde (2016). Disponível em: http://conitec.gov.br/images/Relatorios/2016/Relatorio_Diretrizes-Cesariana_final.pdf. Acesso em: 1 jun. 2022.

de benefícios à mãe e ao(s) bebê(s). Porém, enquanto o trabalho de parto e o parto fisiológico variam de duração, podendo ser breve ou levar mais de 20 horas, a cirurgia cesariana pode ser feita em cerca de 20 minutos. Além de protocolos hospitalares, percebe-se que a questão econômica afeta diretamente a opção médica pela cesariana:

> A cirurgia é, na maioria das vezes, uma conveniência médica – como provas, os especialistas citam, por exemplo, o baixo valor pago pelo plano de saúde para um parto normal e a lotação dos hospitais em véspera de feriados prolongados para cesáreas eletivas[77].

É possível fazer o cálculo de quantas cirurgias podem ser feitas em um determinado período de tempo, entretanto o mesmo não é possível para partos normais. Isso acarreta em altos índices de cesariana nos hospitais, dado que ela é amplamente recomendada por obstetras, além de ser rápida e eficaz. Assim, é compreensível o cenário em que as gestantes aceitam e se submetem a essa cirurgia, às vezes até mesmo sem informações suficientes sobre sua necessidade, benefícios e malefícios.

Para a cirurgia cesariana se popularizar, o parto normal precisou ser cercado de mitos que demonstram dificuldades em sua realização. No Brasil, diversas autoridades em saúde e referências na assistência à maternidade reforçam a ideia de que o parto vaginal é uma experiência de extrema dor e sofrimento para a mulher, que oferece risco ao bebê, além de deixá-la sexualmente menos atraente. Ademais, uma série de motivos foram criados para que o parto normal se mostrasse arriscado. Esses motivos variam. Eles podem se relacionar ao tamanho do bebê, caso seja muito pequeno ou muito grande, ou caso apresentar circulares no pescoço, apesar da inexistência de estudos que indicam as circulares como prejudiciais ao bebê no parto normal. Outros muitos motivos que se apresentam são relacionados à gestante, como

> [...] a idade da mulher, considerada velha demais para parir a partir dos 30 ou 35 anos, ou nova de mais, ou gorda, ou magra demais, sedentária, "que ela pode ficar larga", dor, pressão alta, diabetes, que a mulher não entrou em trabalho de parto[78].

Além disso, se a parturiente não entra em trabalho de parto até determinado momento, se não tem determinado grau da placenta avançado, se está com pouco ou muito líquido amniótico, a indicação também passa a ser

---

[77] GOTARDO, 2018, p. 34.
[78] GOTARDO, 2018, p. 36.

cesariana. Mesmo que não exista evidências científicas que comprovem o risco e a contraindicação para o parto normal. Esses são alguns dos inúmeros motivos que podem levar ao parto cirúrgico.

Essas entidades fantasmagóricas compõem a indicação de cesariana, e mesmo sem base em fontes científicas, são afirmadas pelo poder-saber da medicina. É reconhecido cientificamente que a cirurgia pode salvar vidas, porém apenas 20% dos partos necessitam de intervenções cirúrgicas[79]. Essa informação contradiz as taxas brasileiras, que mostram que a cesariana chega ao patamar de 56%[80] dos partos, variando amplamente entre os serviços privados e públicos. Isso demonstra o lugar de incapacidade para o qual as gestantes são designadas, como se seus corpos fossem defeituosos, de forma que não seriam capazes de gestar e parir sem a tutela médica.

Não é apenas no pré-natal e no parto que as hierarquias hospitalares podem ser observadas, mas também na assistência e nos abortamentos. Como mencionado anteriormente, o bebê passou a ser visto como precioso a partir do século XVIII, e desde então sua saúde é privilegiada em detrimento da mãe. Em razão de os abortamentos representarem interferências nos interesses do Estado e da Igreja, a intervenção médica para que eles não ocorram se fez necessária. Isso se estende até os dias atuais.

O abortamento, principalmente aquele considerado terapêutico, é um tabu social. No Brasil, o artigo 128 do Código Penal prevê o aborto como um ato ilegal em todas as circunstâncias, exceto em caso de gravidez que ofereça risco à mãe ou que seja resultado de estupro[81]. A atual assistência à saúde da mulher não dá o direito de as mulheres decidirem sobre seus corpos, sobre a continuidade ou interrupção da gestação. Nesses casos, as decisões se resignam à subordinação das relações hierárquicas não apenas do poder médico, como também do poder estatal.

A assistência violenta é explícita e bastante presente em casos de abortamentos. Ela acontece em diversas formas, principalmente no tratamento que as mulheres recebem dos profissionais de saúde e funcionários administrativos. As pesquisadoras Angélica Ochoa e Ximena Lostanau[82] descrevem a assistência a abortamentos terapêuticos identificando a falta

---

[79] *Ibidem.*

[80] BRASIL, 2015.

[81] BRASIL. *Lei n. 2.848, de 31 de dezembro de 1940.* Dispõe do aborto necessário e aborto eugênico. Disponível em: https://www.legjur.com/legislacao/art/dcl_00028481940-128. Acesso em: 29 out. 2021.

[82] OCHOA; LOSTANAU, 2019.

O QUE É VIOLÊNCIA OBSTÉTRICA?

de informações precisas sobre os caminhos legais e sobre os procedimentos a serem realizados, transmissão equivocada de informações e abuso verbal:

> Além de uma resistência velada sob o manto da falta de clareza e do prolongamento dos processos burocráticos, o depoimento de várias das mulheres entrevistadas nos mostram uma atitude aberta e diretamente cruel e hostil ao longo do processo[83].

As mulheres geralmente são culpabilizadas pela situação e expostas em diversas formas, inclusive fisicamente, visto a falta de privacidade recorrente nos procedimentos feitos em ambiente hospitalar:

> [...] quando ela já estava descansando, na fase de recuperação, um médico a culpa violentamente, banalizando sua situação de saúde mental e isso novamente na frente de outros pacientes[84].

Ocorrem também violências administrativas, uma vez que os processos burocráticos tendem a se prolongar, transformando-se em entraves cruéis e hostis para mulheres. Os casos de abortamento são questões de saúde pública, de forma que também deveriam ser considerados como direito reprodutivo dos corpos que gestam. É evidente que o discurso médico, como parte do discurso biopolítico do Estado, coloca-se contrário ao aborto, e assim prejudica o andamento do abortamento mesmo quando ele está garantido por lei.

Dado o que foi exposto sobre a transição do parto domiciliar para o hospitalar e toda a medicalização imposta pelo hospital, podemos verificar uma série de violências na assistência aos processos de parturição. A hierarquia de saberes, na qual o saber médico é dominante, e o modo no qual as gestantes ficam à mercê das decisões médicas fazem com que as mulheres sejam excluídas de escolhas que dizem respeito aos seus próprios corpos. Amparada pelo discurso do risco, a medicalização do parto se faz presente na rotina institucional, como se pode observar nas indicações abusivas de cesarianas em contextos em que essa cirurgia é dispensável. Esse fato se configura como assistência violenta, uma vez que contribui para a alienação das gestantes e sujeita as mulheres a práticas danosas e a verdadeiros riscos à sua saúde e à de seus filhos.

Considerando o exposto, observa-se que a assistência obstétrica medicalizada, que patologiza os processos naturais, age sob tutela da medicina, o que, inclusive, remete ao subcapítulo anterior, pois temos nítida aqui a

---

[83] *Ibidem*, p. 52-53.
[84] *Ibidem*, p. 54.

descrição de como é feita a apropriação dos corpos. As diversas formas de violência verificadas no atendimento à gestante explicitam uma das vertentes de estratégias de controle social, a voltada aos corpos grávidos.

2.3 A formação médica

Outra questão que é intrínseca à violência obstétrica é a formação médica que se verifica em hospitais de ensino. Fazendo um resgate histórico de como os hospitais-escola foram criados, encontramos que, no Brasil, esse modelo de hospital existe anteriormente ao SUS. Antes de o direito universal à saúde ser instituído, em 1988, existiam instituições religiosas e filantrópicas de atendimento à saúde da população. Essas instituições eram frequentadas principalmente por pessoas de baixa renda, sendo talvez a única via de cuidado disponível a elas. Mesmo com a implantação do SUS, a utilização de serviços de saúde vinculados a organizações religiosas e filantrópicas continuou existindo, reciclando hábitos antigos e se atualizando de acordo com a cultura.

Sobre a transmissão de saberes no hospital-escola, alguns autores indicam a existência de dois currículos, o básico e o oculto. Os professores e alunos seguem um currículo básico, oficial, comum a todos, porém, além desse também existe outro chamado de "currículo oculto"[85]. Esse, pois, consiste em "um conjunto de influências e experiências que abrangem as dimensões cultural, organizacional, ritual, emocional e profissional que podem moldar os alunos, e estabelecer seus valores profissionais"[86]. É o caso da hierarquia hospitalar, na qual os médicos são detentores absolutos do saber, e as formas que as relações são construídas a partir dessa condição. São transmitidas as formas de lidar com pacientes, com os demais profissionais da equipe, bem como as violências inerentes nesse cenário hierárquico. Dessa forma, é notório que práticas médicas são construídas a partir de um "habitus médico", desenvolvido e transmitido desde a formação dos profissionais.

Alguns estudos mostram que a transmissão de saberes em hospitais universitários é, sobretudo, desrespeitosa com as pacientes. Tanto que, nas últimas décadas, esses hospitais têm tentado incluir matérias sobre humanização, direitos humanos e atenção centrada no paciente. Essa movimentação para a humanização hospitalar surgiu depois de recomendações do Ministério

---

[85] DINIZ *et al.*, 2018.
[86] *Ibidem*, p. 30.

da Educação, em 2014, que no artigo 29 das Diretrizes Curriculares Nacionais do Curso de Graduação em Medicina[87] aponta que as estruturas dos cursos de graduação em Medicina têm o dever de incluir dimensões éticas e humanas para que os estudantes se orientem em direção à cidadania e aos direitos humanos. Mesmo assim, hospitais universitários são extremamente resistentes às mudanças em práticas profissionais.

Esse habitus médico construído e fixado ainda na formação dos profissionais tende a desumanizar os pacientes. Baseado na hierarquia da profissão, a coerção faz parte desse habitus, assim como a ênfase dada a desigualdade de poderes, uso de punições e consequentes humilhações. Essa violência empregada na assistência à saúde faz parte do currículo oculto, tão presente que estudos latino-americanos se atentaram na investigação dessa questão, demonstrando o uso de violência como *ferramenta pedagógica*[88]. A desumanização do paciente parte do ensino e da formação médica. Tais características não são ensinadas formalmente na relação professor-aluno, mas aparecem principalmente na rotina e práticas de cuidado, no modo no qual os mestres se portam em relações e interações.

Práticas violentas e desumanizantes apresentam-se, principalmente, na área da ginecologia e obstetrícia[89]. Temos alguns indícios dos motivos pelos quais isso ocorre. Em primeiro lugar, a própria graduação em medicina. A titulação profissional e moral dos detentores do saber técnico/científico médico posiciona esses profissionais no topo da ordem social, sejam eles de quaisquer especialidade. No caso específico da ginecologia e obstetrícia, com a atuação voltada ao corpo da mulher, surgem as questões de gênero. Dado que esse sistema de formação médica, assim como os demais sistemas contemporâneos, está atravessado pelo patriarcado como dispositivo de controle, os corpos das mulheres são tidos como "inferiores" já que o parâmetro de normalidade é o corpo masculino, "superior"[90]. Dessa forma, a hierarquia social médica e a desigualdade de gênero compõem a formação e a especialização dos ginecologistas/obstetras.

A ginecologia e obstetrícia são especialidades formadas dentro dos hospitais de ensino, e é especialmente interessante investigar essa construção profissional. Historicamente, essas especialidades consolidaram o controle

---

[87] Disponível em: http://portal.mec.gov.br/index.php?option=com_docman&view=download&alias=15874-r-ces003-14&category_slug=junho-2014-pdf&Itemid=30192. Acesso em: 1 jun. 2022.

[88] HOTIMSKY, 2007; CASTRO, 2014.

[89] HOTIMSKY, 2013.

[90] VALLS, 2009.

dos corpos capazes de gestar e parir, bem como a subordinação desses processos sexuais à medicina[91]. Já nos hospitais-escola observa-se a utilização de jargões e linguagens técnicas entre os profissionais de assistência, de modo que a gestante seja excluída da discussão. A atuação dos ginecologistas/obstetras é problemática também por serem observadas intervenções rotineiras baseadas em estereótipos de gênero e julgamentos morais, bem como o uso de técnicas obsoletas, mesmo que contraindicadas ou banidas. Essas ações violentas são camufladas por "intervenções necessárias" em nome da "boa prática", o que dificulta considerar as práticas hospitalares enquanto violência em saúde. Dessa forma, médicos ginecologistas são os mais resistentes à absorção de novos conteúdos e protocolos de humanização em relação aos médicos de outras especialidades. As rotinas médicas de hospitais universitários persistem na atuação posterior desses profissionais.

Os hospitais de ensino, por sua vez, também são os locais de assistência à gestante de maior resistência a mudanças de prática profissional. Ainda hoje os principais grupos assistidos por hospitais-escola são grupos de maior vulnerabilidade social e com condições materiais precárias. Sendo a maioria da população atendida nessas instituições oriundas de grupos de maior vulnerabilidade social, é comum que tenham menos poder de decisão dentro desses serviços de saúde, afinal o leque de opções para assistência à saúde é pequeno. Chamados também de "hospitais de treinamento", esses ambientes utilizam os corpos dos pacientes para suprir necessidades de "aprendizagem", visto que "para compensar a assistência que é prestada [...]" são garantidos "[...] acesso aos corpos das mulheres (geralmente pobres, negras e dependentes do sistema público) para suprir necessidades de treinamentos de alunos e residentes"[92]. Observa-se que pelo fato de o hospital universitário ser amplamente frequentado pela população de baixa renda, dependente do sistema público, o "treinamento" tende a ser deliberadamente feito nesses corpos.

Isso nos dá base para entender os motivos de a episiotomia, por exemplo, ser mais praticada em hospitais de ensino. No caso da obstetrícia, são observados maiores índices de intervenções desnecessárias e práticas danosas, como a infusão de medicamento para aceleração do parto, o exame repetido de toque vaginal feito por mais de um profissional, e a já mencionada episiotomia em hospitais-escola se comparado a outros hospitais. Esses dados

---

[91] DINIZ; CHACHAM, 2006; HOTIMSKY; SHRAIBER, 2005.
[92] DINIZ et al., 2018, p. 29.

validam a ideia de que hospitais de ensino utilizam os corpos e as vaginas de parturientes para "exercitar habilidades", com atenção voltada ao ensino, e não à pertinência dos procedimentos. Dessa maneira, pode-se observar diversas formas de violação de direitos em nome do ensino.

A questão da violência na assistência aparece não apenas em hospitais-escola como também em qualquer ambiente hospitalar. A coerção, as humilhações e demais tratamentos violentos são comumente utilizados, de maneira que reprimem manifestações da paciente. Na maioria dos casos elas obedecem às ordens e se submetem aos comandos dados pela autoridade técnica e moral. Os relatos de abuso no trabalho de parto e do parto propriamente são investigados amplamente por muitos estudos devido à elevada frequência de tais violências.

O exercício do poder e a autoridade médica sobre os processos fisiológicos das mulheres podem também ser lidos como a principal causa da violência obstétrica. Como pode-se observar, a formação e as práticas hospitalares são majoritariamente associadas à medicalização dos corpos dos pacientes. A maioria das definições latino-americanas de violência obstétrica dão ênfase à medicalização dos processos naturais de nascimento e ao poder desigual de decisões entre a parturiente e a equipe profissional de saúde. As posições hierárquicas estabelecidas no lócus médico colocam o outro, nesse caso as gestantes, como objeto de ação, e podemos considerar isso como uma das origens da violência médica e institucional. Isso porque gestantes ocupando lugar de objeto de ação médica têm suas subjetividades e expressões anuladas, e isso significa a privação de poder nas decisões e perda de autonomia, impactando negativamente as experiências da gravidez e do parto.

Por outro lado, alguns autores defendem que a naturalização da violência obstétrica no ambiente hospitalar é consequência da ausência de medidas enérgicas. Inclusive falam de providências punitivas que deveriam ser tomadas em relação aos enfermeiros que maltratam pacientes, aos profissionais que ferem a ética e aos gestores de estabelecimentos médicos que agem com descaso perante essas situações[93].

De todo modo, não tenho dúvidas e nem rodeios para dizer que a violência obstétrica deve ser tratada enquanto um problema de saúde pública.

O debate sobre melhorias na assistência médica não é recente. Diversas iniciativas foram tomadas em prol de melhorias na qualidade assistencial, com

---

[93] MOREIRA; PARTICHELLI; BAZANI, 2019; JEWKES; ABRAHAMS; CERSA, 1998.

ênfase nas duas últimas décadas. A partir de 1970 houve uma mobilização internacional a respeito da insatisfação das mulheres quanto à assistência à saúde. Naquele período, as críticas principais foram direcionadas ao olhar médico fragmentado e patologizante. Nos anos 1980, foi criado o "Plano de Parto" na Inglaterra, como forma de mudar a cultura de controle dos corpos, uma vez que as mulheres se sentiam altamente invadidas por procedimentos desnecessários e dolorosos em seus momentos de parto. Esse documento foi um passo importante para que as parturientes possam se assegurarem de seus direitos dentro do hospital-maternidade. A partir de então foram elaborados documentos, diretrizes, manuais, que orientam boas práticas obstétricas, e principalmente após os anos 2000, vários movimentos sociais têm conquistado espaço para que seja reconhecida a violência obstétrica como uma questão de saúde pública.

Vale destacar a pesquisa *Discursos sobre la violencia obstétrica en la prensa de países latinoamericanos: cambios y continuidades en el campo de la atención*[94], que analisa a violência obstétrica nos países da América Latina, baseada na imprensa. Esse estudo exploratório teve como base a análise do discurso, relacionando o conteúdo com o contexto e as posições discursivas dos enunciadores. Por meio de notícias veiculadas no Google Notícias, os pesquisadores utilizaram o termo "Violencia Obstétrica" como descritor e filtraram periódicos da Argentina, Chile, Colômbia, México e Venezuela no período de 2010 a 2017.

Foi apontado pelos pesquisadores, em relação às posições discursivas, no geral, que entre médicos/gestores hospitalares e as organizações sociais movidas por mulheres existem divergências de posicionamento. Quanto aos médicos e aos gestores de instituições de saúde, esses em geral se apresentam "distantes dos debates em torno da violência obstétrica e contra posicionamentos abertos e críticos do campo"[95], sendo que, ainda, quando se manifestam na mídia minimizam a questão. Embora a violência obstétrica seja bastante denunciada, e apesar de alguns países do recorte terem conquistado a tipificação legal, os índices de impunidade são tão altos quanto as denúncias.

Em oposição à postura médica, organizações de mulheres que movimentam o debate criticam a continuidade das más condições de parto e de nascimento atuais. Esses movimentos defendem que a assistência favorece

---

[94] PERDOMO-RUBIO *et al.*, 2019.

[95] *Ibidem*, p. 128.

a violência obstétrica e que também posiciona a mulher em lugar de reprodutora destinada ao sofrimento. Por conta disso, os coletivos de mulheres começaram a se distanciar do governo.

Sobre a origem da violência obstétrica, as considerações da pesquisa se orientaram a partir da ineficiência estatal, da medicalização do parto e do patriarcado. Quanto às notícias e às discussões sobre a posição dos funcionários estatais sobre a violência obstétrica, esses a tratam, majoritariamente, como produto de deficiências na formação dos profissionais de saúde. Também mencionam o patriarcado e as desigualdades sociais como questões estruturais da sociedade que interferem na saúde da mulher. Nas opiniões dos coletivos de mulheres, o que se destaca é a lentidão na implementação das normas, a ausência de leis complementares. Segundo os coletivos, as denúncias e medidas enérgicas são evitadas, principalmente, em nome do prestígio médico.

Mesmo que reconhecidas as práticas violentas de assistência, há discordância de opiniões sobre a Violência Obstétrica dentre alguns grupos de médicos e gestores de saúde. Algumas classes profissionais se opõem à judicialização dessa violência assim como se mostram opostas à inclusão do tema na formação acadêmica. Outros grupos, em minoria, certificam apoio aos movimentos das mulheres. Nas notícias foi reconhecido que o Estado tem participação e reconhece a violência obstétrica, porém faltam regulamentações para essas leis, bem como implementações municipais para que elas vigorem de fato.

Até então foram abordadas diversas perspectivas sobre os motivos pelos quais a violência obstétrica se faz tão presente no cotidiano dos hospitais. A partir de agora, abordaremos a percepção médica sobre o tema. A pesquisa de Maristela Sens e Ana Maria Stamm (2019), *Percepção dos médicos sobre a Violência Obstétrica na sutil dimensão da relação humana e médico-paciente*, traz justamente um levantamento do assunto. O estudo foi feito com 23 médicos de assistência ao trabalho de parto e de parto, com atuação em uma maternidade pública de hospital de ensino no sul do Brasil. Desses 23 profissionais, 16 são especialistas em ginecologia e obstetrícia e sete estão em formação (residência médica) nessa área. A discussão de pesquisa gira em torno de "todos os médicos entrevistados entendem que são vítimas de violência durante suas atividades profissionais, e 78% (18/23) percebem que isso acontece frequentemente ou muito frequentemente"[96]. Eles se afirmam

---

[96] SENS; STAMM, 2019, p. 7.

vítimas de violência em suas atividades profissionais: violentados tanto pela estrutura institucional quanto pelo fato de a profissão ser responsabilizada pelos partos e nascimentos. A partir disso, as autoras dividem as posições discursivas em duas subcategorias, são elas: "vítimas da estrutura institucional" e "vítima das vítimas".

No que diz respeito à estrutura institucional, os entrevistados relatam principalmente as condições precárias de trabalho. Em entrevistas, eles afirmam que muitas vezes faltam instrumentos necessários, que o espaço físico é inadequado e a equipe de profissionais é insuficiente. Tais aspectos desfavorecem a boa prática médica. Quanto à segunda subcategoria, na qual os médicos se dizem vítimas das vítimas, eles se justificam pelas diversas formas como são tratados por pacientes e/ou acompanhantes. Entre tais tratamentos estão ameaças, desrespeito, discordância quanto aos procedimentos, entre outros.

O sentimento de serem violentados por obterem total responsabilidade no atendimento está presente o tempo todo, e principalmente os obstetras relatam essas sensações. Ao tentar proteger-se de ameaças, os médicos tendem a preferir práticas bem vistas por juízes, englobadas no termo "medicina defensiva". Isso faz parte de uma tentativa de não serem mal vistos e não receberem denúncias.

A medicina defensiva se consolidou a partir da judicialização da saúde. Na conjuntura da obstetrícia, a posição médica evidenciada pelas análises é voltada ao incômodo que a judicialização representa, uma vez que o poder judiciário é mal empregado na resolução de conflitos, acarretando inclusive na falta de autonomia dos profissionais na relação médico-paciente. A medicina defensiva, dessa forma, dá-se pelo exagero nos exames complementares, na recusa médica em procedimentos de maior risco, na maior perturbação emocional do profissional, e consequentemente no aumento do custo financeiro da saúde tanto para o médico quanto para o paciente.

Ainda que os médicos reconheçam inconstâncias e prejuízos da profissão, a relação médico-paciente é notoriamente assimétrica e hierárquica, e está sempre sob influência principal da autoridade médica. Os processos fisiológicos e naturais das mulheres convertidos em assuntos do domínio e apropriação médica colocam-nas em posição de subordinação. Essa relação na qual o médico é hierarquicamente superior à paciente contribui para diversas formas de violência contra a mulher, como a violência obstétrica, que é compreendida também como violência de gênero[97], violência institucional[98] e estrutural[99].

A autora Viviana Vallana-Sala defende o ponto de vista que concebe a violência obstétrica como violência epistêmica, pois ela consiste na "anulação e desvalorização de todo conhecimento e saber empírico das mulheres sobre seus processos e experiências, em favor de conhecimentos com o peso da legitimidade e autoridade do discurso científico da biomedicina"[100]. Nesse sentido, todo o constructo de saberes e experiências da paciente até aquele ponto da vida é anulado. A gestação, o parto e o puerpério apropriados por saberes e práticas médicas invertem a lógica de protagonismo, na qual os principais atores deveriam ser mãe(s) e bebê(s). Portanto, no modelo hegemônico de saúde os protagonistas são os médicos, visto que partos e nascimentos são eventos médicos e acontecem em ambiente hospitalar.

2.4 Violência obstétrica como reprodução das formas de governar

O deslocamento da cena de parto do ambiente íntimo domiciliar para o hospital também se deve ao aumento das tecnologias que possibilitaram a cirurgia cesariana. Mudanças estéticas vieram a partir da institucionalização, já que o arriscado e assustador desfecho natural do parto seria substituído pela cesárea. Esse uso dispensável de tecnologias nas práticas de saúde, que coloca processos naturais como patologias, é chamado de medicalização. A cirurgia cesariana é entendida como uma das formas de medicalização do parto. Historicamente, a prática dessa cirurgia é atrelada à ausência de dores para a mãe, e às maiores chances de mãe e bebê sobreviverem à experiência de parto. Embora o aumento exponencial de cesarianas esteja ligado a esse fato, tal aumento também está conectado a questões econômicas, uma vez que a operação é de tempo e valores calculáveis, o que torna o processo mais lucrativo. Nesse sentido, a prática no hospital é atravessada não apenas pela medicalização do corpo feminino, mas também pela "mercantilização" da saúde.

A medicalização e a mercantilização da saúde voltadas aos processos fisiológicos de parto e nascimento constituem uma forma de controle disciplinar. Esse mecanismo de controle exercido pelo "poder obstétrico" ganhou

---

[97] SAMPAIO; TAVARES; HERCULANO, 2019; SAFFIOTI, 2001.

[98] SENS; STAMM, 2019; SENA, 2016.

[99] CASTRO; SAVAGE, 2019.

[100] VALLANA-SALA, 2019, p. 135.

formato opressivo a partir da produção de corpos dóceis potencialmente aptos para a gravidez, para o parto e cuidados com o neonato. Essa visão, inclusive, corrobora a perspectiva foucaultiana discutida anteriormente neste capítulo. O modelo medicalizante e médico-centrado resulta da ideologia baseada na hegemonia do saber e do poder, a qual é centrada nas figuras representantes da tecnociência, no caso, os médicos, as equipes de saúde e as instituições de saúde. Essas figuras se apropriam do corpo das mulheres por um sistema altamente hierarquizado. Assim, nesse sentido, a apropriação e a violação dos corpos femininos em procedimentos de rotina são as formas palpáveis dos valores nucleares da sociedade[101].

Em minhas pesquisas encontrei a comparação do modelo de assistência ao parto com um modelo tecnocrático e industrial[102]. Nesse cenário, a parturiente seria o objeto de intervenção, um corpo que deve cumprir alguns requisitos já estandardizados, que sofre imposições protocolares, é desligado de suas características identitárias e socioculturais e está submisso a uma hierarquia. Assim, a alienação dos próprios processos de gestação e parto pode ser equiparada a lógicas neoliberais, uma vez que as instituições visam à redução de tempo e gasto em nome de maiores lucros, e a tecnologia é supervalorizada no decorrer do processo. No Brasil, os partos foram organizados tais quais uma linha de produção a partir da década de 1940, período em que a concepção industrial se firmou. A atenção à saúde, que por um lado é afetada por carências no sistema, também é uma cadeia centralizada na produtividade.

O nascimento, sob a óptica do modelo tecnocrático, equipara o hospital a uma fábrica, na qual as gestantes são as máquinas e os bebês são os produtos. O corpo da mulher visto enquanto "máquina para parir" exclui o elemento interpessoal e humanístico do cuidado. O que antes era um evento biopsicossocial passa, então, a ser um evento biológico/mercadológico. Dessa maneira, a violência obstétrica é um produto ideológico.

O viés ideológico na assistência à saúde das mulheres aproxima o tema da violência obstétrica de grupos socialmente vulneráveis. Na pesquisa de Arachu Castro e Virginia Savage[103] a violência obstétrica é entendida como uma reprodução da forma de governar adotada por um país. As participantes da citada pesquisa consideram a boa assistência hospitalar aquela que

---

[101] DAVIS-FLOYD, 1993.
[102] DAVIS-FLOYD, 1993; GUTMAN, 2007.
[103] SAVAGE, 2019.

garante a sobrevivência da mãe e da criança. As únicas críticas expressas pelas parturientes são em razão de a equipe se negar a medicar seus corpos em momentos de dor. Foi observado que não há menção de queixas quanto a falta de privacidade, maus-tratos físicos e verbais, uma vez que esse é o padrão de atendimento em instituições públicas. As pesquisadoras verificaram a existência de deficiências e violências na atenção à gestante, porém esses aspectos nem sempre apareciam nas entrevistas com as mulheres.

A análise de Castro e Savage coloca a violência obstétrica como reprodução do regime moral produzido pelo governo. A relação de aceitação das mulheres para com maus-tratos indicado na pesquisa é inquietante, e, claro, estamos falando de um cenário de assistência pública à saúde. As autoras ressaltam que, na visão das parturientes entrevistadas, "[...] a boa assistência passou a depender apenas do tratamento médico e garantia da sobrevivência materna e infantil"[104], apesar de identificarem e sustentarem "com resignação a falta de privacidade, interações negativas e outras dimensões de maus-tratos"[105] como intrínsecos à assistência. A investigação sugere que pacientes de maternidades públicas

> [...] podem aceitar abuso e cuidado desrespeitoso como aspectos padrão da experiência de cuidado - ou normalizaram maus-tratos como mais uma manifestação do persistente racismo, sexismo e classismo que elas experienciam na vida cotidiana. Consequentemente, essas interações negativas servem como uma reprodução da forma de governar na medida em que promovem uma dinâmica desigual de poder entre as mulheres e o hospital de referência, obrigando essas mulheres a aceitarem um papel passivo em suas experiências de parto, incapazes de obter qualquer controle[106].

Se a população atendida nos hospitais públicos é, em maioria, de pessoas que sobrevivem na pobreza e em meio à miséria assistencial, tem-se indícios prováveis dos motivos que levam a maioria das mulheres a serem resilientes frente à péssima qualidade dos cuidados que recebem na maternidade.

As vulnerabilidades sociais expõem um sistema de saúde segmentado e com acessos desiguais ao cuidado. Isso confirma a importância de debatermos aqui a dimensão étnico-racial dos estudos em saúde. O cenário brasileiro é de intensa exclusão social da população negra, herança do período escravo-

---

[104] CASTRO; SAVAGE, 2019, p. 128.

[105] *Ibidem*, p. 129.

[106] *Ibidem*, p. 129-130.

crata e de diversas políticas públicas (e falta delas) desde então. Ainda hoje, a população negra tem maiores dificuldades de acesso aos estudos, à habitação, a profissões de maior prestígio, a salários altos e à qualidade de saúde, em relação à população branca. O censo demográfico do IBGE introduziu a pergunta sobre cor e raça nos questionários de pesquisa a partir de 1991, e esse foi um passo importante para a visibilidade da população preta e parda nas estatísticas brasileiras.

Diante desses dados, é reconhecido que mulheres negras vivem situação de dupla vulnerabilidade no tocante à historicidade marcada por preconceitos e exclusões, e pela falta de ações que visem à superação dessa conjuntura. Na relação assimétrica entre profissionais de saúde e pacientes mulheres, a figura "mãe" presente na mulher também é atravessada por raça, classe, geração e parceria sexual[107]. Mulheres negras, pobres, muito novas ou mais velhas, solteiras e lésbicas exercem maternidades subalternizadas. Os profissionais de saúde empregam práticas discriminatórias como necessárias para o exercício da autoridade, tanto que o tratamento é mais violento para com mulheres HIV-positivas, usuárias de drogas, profissionais do sexo e deficientes físicas. Dependendo da particularidade de cada caso, as mulheres exercem a maternidade com menos aceitabilidade social e maiores vulnerabilidades frente às violências em saúde[108].

Para discutirmos as vulnerabilidades, utilizaremos o conceito de Ayres[109]. A vulnerabilidade é um composto de condicionantes estruturais que indicam a suscetibilidade de populações a certas questões. Esse conceito visa ao distanciamento de condicionantes individuais e amplia a visão para condições de vida de uma população como um todo. Tal modelo de vulnerabilidade é formado por três eixos independentes. O primeiro é o eixo individual, referente à qualidade de informações disponíveis ao indivíduo e como ele elabora isso na vida prática. O segundo eixo é o social, referente ao conjunto de fatores sociais que interferem nas decisões e no acesso às informações, aos serviços e às políticas públicas. O último eixo é o programático, correspondente aos programas e às políticas elaboradas e executadas pelo poder público em resposta a determinadas questões. Dessa forma, esse modelo demonstra que as tomadas de decisão dos sujeitos são influenciadas diretamente por esses três eixos de vulnerabilidade, vividos

---

[107] MATTAR; DINIZ, 2012.
[108] NIY et al., 2019.
[109] AYRES et al., 2003.

individualmente e coletivamente. As influências determinam tomadas de decisão, por exemplo, para buscar ou não assistência à saúde.

Em relação à saúde das mulheres negras atendidas pelo SUS, o determinante social que tende a interferir diretamente no processo de saúde-doença, e influenciar a busca pela assistência à saúde, é o racismo. Na pesquisa *Vulnerabilidade de mulheres negras na atenção ao pré-natal e ao parto no SUS: análise da pesquisa da Ouvidoria Ativa*[110] é demonstrada a maior vulnerabilidade de mulheres pretas e pardas, visto as condições socioeconômicas advindas de conjunturas históricas, as quais interferem diretamente no adoecimento. Os fatores que incidem sobre a saúde das mulheres analisadas nesta pesquisa atravessam os três níveis de vulnerabilidade referentes ao modelo descrito anteriormente. Elas sofrem os impactos de "exclusões sociais – marcadas pelo preconceito e racismo – e econômicas – perceptíveis pela pobreza, pela menor escolaridade e pela dificuldade no acesso a serviços e bens públicos"[111]. Ademais, essa população se encontra numa dupla situação de vulnerabilidade, uma vez que "vivenciam experiências de exclusão histórica marcada pela produção dos preconceitos no seio da sociedade e são marcadas pela ausência de ações específicas para a superação da desigualdade"[112].

O fato de as mulheres pretas e pardas serem mais vulneráveis, e terem maiores dificuldades de acesso aos serviços de saúde, é evidente no modelo de assistência a gravidez e parto. Na assistência ao pré-natal, estão em maiores proporções de gravidez não planejada, e em menores proporções em quantidade adequada de consultas, obtenção de informações sobre o parto e local de parto. Na assistência ao parto são constatados maiores períodos de espera por atendimento, dificuldades em serem atendidas no primeiro serviço de saúde que procuram e maiores índices de partos normais. Esses parâmetros foram feitos em comparação a mulheres autodeclaradas brancas. O estudo também demonstra o baixo índice de acompanhante no hospital-maternidade, e independentemente da raça/etnia, não há garantias de que as instituições de saúde respeitem esse direito.

Essas diferenças entre grupos sociais, como apontou o estudo citado, foram vistas por muito tempo enquanto apenas diferenças de classes sociais. Um passo importante para que as vulnerabilidades sociais fossem mais bem identificadas foram as informações fornecidas a partir dos marcadores de

---

[110] THEOPHILO; RATTNER; PEREIRA, 2018.

[111] *Ibidem*, p. 3510.

[112] *Ibidem*, p. 3507.

raça/cor presentes nos questionários de pesquisa de instituições públicas. No caso específico deste estudo, foram utilizados questionários da Pesquisa da Ouvidoria Ativa da Rede Cegonha (POARC) executados pelo Departamento de Ouvidoria Geral do SUS (DOGES).

Neste subcapítulo apresentei sobre o modelo hegemônico de assistência ao parto transformar os elementos da cena em mercadorias, reflexo do próprio sistema político e econômico, e os desdobramentos a partir disso. Passei ao acesso desigual em saúde por determinadas populações e como isso coloca certos grupos em estado de vulnerabilidade social. Interessante ressaltar que, dentre as pesquisas que utilizei como aparato teórico para este livro, apenas uma trata sobre a saúde das mulheres negras e pardas, especificamente sobre a violência obstétrica sofrida, como tema principal. Como mencionado, a inclusão da categoria cor/raça nos questionários de pesquisa é recente, data de pouco mais de 30 anos. O Brasil possui 46,8% da população autodeclarada parda, 9,8% da população preta e 42,7% da população branca[113], ou seja, os cidadãos brasileiros são pardos e pretos, majoritariamente. Pensando que a maioria dos materiais consultados são de autores brasileiros, produzidos diante do cenário nacional, a quantidade de estudos focados na saúde das mulheres pretas e pardas é ínfima e desproporcional à quantidade de usuárias dos serviços de saúde. Portanto, isso confirma a exclusão social, a subalternização da saúde de grupos sociais cerceados pelo racismo e preconceito característicos também da forma de governo do país. Vale ressaltar também que pesquisas com foco em outras populações brasileiras, como a população indígena, não foram encontradas nas pesquisas publicadas no período em que produzi este estudo.

---

[113] IBGE, 2019.

Capítulo 3

CONTEXTOS QUE INCITAM INVESTIGAÇÕES SOBRE VIOLÊNCIA OBSTÉTRICA

3.1 Rotinas hospitalares

A institucionalização hospitalar do parto e do nascimento trouxe uma mudança estética à cena. Os processos de parturição e de nascimento, que sofreram diversas mudanças ao longo da história, passaram a ser tratados enquanto patologias, eventos remediados e controlados por uma série de intervenções, e não mais como um evento fisiológico e natural pelo qual os seres humanos vêm ao mundo. Essa experiência agora tem razões para ser considerada desagradável, assustadora, humilhante, além de que representa um assalto cirúrgico ao genitais mesmo se o desfecho for um parto transabdominal. A autora Michelle Sadler resume como acontece a assistência obstétrica no modelo hegemônico e legitimado nos hospitais-maternidade:

> As mulheres são imobilizadas em leitos com monitores fetais e vias venosas, são impedidas de se movimentar durante o trabalho de parto, são colocados obstáculos em acompanhantes externos pelo pessoal da saúde, a maioria dos nascimentos ocorrem em posição litotômica e os bebês se separam de suas mães para exames de rotina[114].

A pesquisa publicada pela Fundação Perseu Abramo em 2013[115] nos traz informações relevantes para começarmos a falar sobre rotinas hospitalares nas maternidades. Nela é mencionado que, apesar de experiências desagradáveis e desrespeitosas nos hospitais serem sentidas enquanto violências, a violência em si é comumente associada às violências urbana, física, sexual, entre outras. A psicóloga Janaína Marques de Aguiar[116], colaboradora da pesquisa, expõe que falar sobre violência na saúde é difícil pelo fato de que

---

[114] SADLER, 2016, p. 48.

[115] Intitulada "Violência no parto: na hora de fazer não gritou", já mencionada anteriormente.

[116] Autora da tese "Violência institucional em maternidades públicas: hostilidade ao invés de acolhimento como uma questão de gênero".

há um senso comum que normaliza os maus-tratos à mulher, principalmente em maternidades públicas. Ela cita exemplos de falas de profissionais, por exemplo, durante o exame de toque, em que as pacientes relatam ter ouvido frases do tipo "duvido que você reclama do seu marido" e "não está gostoso?". Nessa perspectiva, pelo tom chistoso e encoberto pelo prestígio profissional, a violência em maternidades é difícil de ser reconhecida e constatada.

A pesquisa também traz um relato impactante sobre como aconteceu o primeiro processo no Brasil que trata de violência obstétrica nesses termos. A história foi vivenciada por Ana Paula, em abril de 2012, que planejou um parto natural. Ana Paula chegou ao hospital com complicações, e ao dar entrada, foi imediatamente anestesiada, amarrada na maca, submetida a procedimentos dolorosos mesmo sob protestos e em seguida separada de sua bebê e deixada sozinha por horas na sala de parto. A filha de Ana Paula não resistiu e faleceu por motivos indefinidos. A puérpera levou a denúncia ao Ministério Público pelo falecimento da filha, e ao CRM, denunciando a equipe, o convênio médico e o hospital na qual foi atendida. Pelo fato de o Conselho Regional de Medicina se manter em silêncio frente à denúncia, a advogada de Ana Paula entrou com uma ação na justiça, não apenas pelo erro médico, mas pelo tratamento recebido na maternidade.

Frente a esse e vários outros fatos, percebe-se a necessidade de se produzir investigações sobre como é o tratamento oferecido pelos hospitais. As altas taxas de intervenções, como cesarianas, episiotomias, amniotomias, em contextos que poderiam ser evitadas por serem desnecessárias indicam a medicalização dos corpos grávidos. Inclusive, tais métodos se contrapõem às boas práticas, as quais não são aderidas com facilidade, como a movimentação livre no trabalho de parto normal. As pesquisas científicas que apontam a grande queixa das gestantes sobre o tratamento recebido também reiteram que as rotinas hospitalares, de fato, merecem ser investigadas.

O hospital, lugar estratégico para garantir nascimentos saudáveis, também é um lugar passível de relatos de abuso. Isso fica nítido no trabalho de parto e no parto vaginal, eventos associados a violências, nos quais o abuso aparece de formas visíveis, como agressões físicas e humilhações, ou de maneiras sutis, por meio de procedimentos desnecessários e dolorosos. As agressões e abusos acontecem não só nas maternidades públicas, mas também nas particulares. A não permissão de entrada de acompanhante materno, as diversas intervenções na fisiologia do trabalho de parto, os desconfortos, a falta de privacidade, a solidão, todo o tratamento dado às gestantes. Muitas mulheres optam por cesarianas eletivas como alternativa ao tratamento violento recebido no parto normal.

A questão que coloco aqui é que, independentemente da opção ou indicação de parto, as rotinas hospitalares voltadas ao cuidado de gestantes são nas quais condutas violentas aparecem cotidianamente. Esse fragmento resume alguns momentos do processo de parturição:

> Uma sala fria e clara. Uma maca. Vestimentas claras, denunciando cada sujeira que possa indicar falta de higiene ou risco de contaminação. Falta de higiene que também pode ser as próprias fezes no momento do parto, o suor, o cheiro, os pelos pubianos, a placenta. Embora conheça seu próprio corpo há anos, nos mínimos detalhes e tenha conexão com sua gravidez durante todo o tempo de gestação, a voz de comando é a da equipe de saúde. Um efeito cascata de procedimentos médicos, provocado por meio de várias intervenções invasivas: raspagem dos pelos pubianos, lavagem intestinal, hormônios para aceleração das contrações, rompimento da bolsa, analgesia e corte da musculatura perineal para passagem do bebê. A atenção toda está no objeto final: um corpo que sai respirando de dentro de outro corpo. O resto da responsabilidade é atribuído ao corpo chamado de mãe[117].

Muitas questões sobre rotinas hospitalares foram explanadas no artigo *Parto humanizado, empoderamento feminino e combate à violência: uma análise do documentário O renascimento do parto*, de Ana Teresa Gotardo. Esse estudo analisa um documentário[118] que explora as relações de controle do parto e da saúde sexual e reprodutiva da mulher na era moderna, os motivos e o modo no qual a medicina se apropria desses processos. A produção, com foco na cultura cesarista, apresenta uma série de imagens, relatos, entrevistas, que nos conta sobre práticas invasivas, sem respeito às escolhas das gestantes, bem como experiências traumatizantes e consequências negativas para essas mulheres e para os recém-nascidos. O esforço da autora foi a investigação de elementos de violência obstétrica presentes nessa produção audiovisual brasileira.

De início, a autora expõe questões relacionadas à cesariana, como, por exemplo, o tom de obrigatoriedade que os obstetras dão a ela. É comum

---

[117] MOREIRA; PARTICHELLI; BANZANI, 2019, p. 120.

[118] O documentário, lançado em 9 de agosto de 2013, é de Érica de Paula e Eduardo Chauvet. A produção foi selecionada para concorrer a prêmios em alguns importantes festivais de cinema, como o Los Angeles Brazilian Film Festival e o Doc Brazil Festival China.

que as parturientes acreditem não dispor de outras alternativas de parto quando a cirurgia cesariana é apresentada como primeira opção. As consultas médicas, ainda no pré-natal, que orientam a escolha do parto muitas vezes incluem "falas ríspidas, ameaças, indicações míticas ou mesmo sugestões de que não seriam capazes de parir"[119]. Mulheres que desejavam o parto normal frequentemente se encontram em posição de acatar a indicação de cesariana a contragosto.

Também se tem exemplos de mulheres que foram enganadas por seus obstetras. Algumas falam sobre os médicos prometerem partos normais e na véspera obrigarem as parturientes a marcar cesarianas. Outras falam de fraudes médicas, que apontam justificativas de parto cirúrgico em ultrassonografias de outras gestantes. Sobre isso, o obstetra Ricardo Gomes diz que

> As próprias mulheres acreditam que são incapazes de ter seus filhos de uma forma mais fisiológica e mais natural exatamente porque a cultura contamina a sua autoestima. E aí um processo que era para ser essencialmente o empoderamento das mulheres no momento de gerar a vida [...] se transformou num processo que fundamentalmente fortalece os médicos e as corporações[120].

Isso é consequência das questões econômicas que permeiam o parto cirúrgico. Como já discutimos, o tempo de acompanhamento de uma cesariana é previsível, enquanto a do parto normal não é, além de que os valores pagos aos profissionais se assemelham em ambos. Nas palavras de Maria Esther Vilela, coordenadora geral de Saúde das Mulheres no Ministério da Saúde entre 2011 e 2017, "o modelo de atenção ao parto no Brasil, muito centrado na tecnologia, foi aos poucos criando a cultura da cesariana como modo de nascer mais confortável, talvez mais adequado a essa sociedade de consumo"[121].

As cenas de cesariana, apresentadas no documentário, que refletem as práticas da atenção atual são bastante chocantes. Mulheres amarradas às macas, desacordadas ou letárgicas, úteros abertos e expostos, mãos tateando o órgão internamente em busca do bebê. Um dos relatos sobre a cirurgia presente no documentário é de uma mãe que "pediu para ser desamarrada para segurar seu bebê [...] mas não foi atendida pelos médicos"[122]. Ao sair do

---

[119] GOTARDO, 2018, p. 37.
[120] *Ibidem*, p. 37.
[121] *Ibidem*, p. 35.
[122] *Ibidem*, p. 35.

útero, o bebê não é levado à mãe, que permanece amarrada à maca vendo seu filho ser levado para longe dela.

Sobre as práticas hospitalares, é importante também expor a pesquisa *Como superar a cultura da imobilização física das parturientes?* de Denise Yoshie Niy[123]. O assunto principal é a movimentação de mulheres durante o trabalho de parto, e aborda o cenário atual, recomendações de órgãos de saúde e evidências de boas práticas.

Nela consta que na atenção atual ao parto normal 90% das mulheres dão à luz em posição litotômica, ou seja, deitadas de costas, amarradas à maca e de pernas abertas. Menos da metade das parturientes brasileiras se movimentam no trabalho de parto nos serviços públicos, e na saúde suplementar esse número é ainda menor. A posição litotômica é potencialmente danosa e antifisiológica, e dificulta o processo de parto para a parturiente, além de ser bastante dolorosa.

A maior flexibilidade de posições se dá no trabalho de parto. É comum que as maternidades ofereçam banquetas, bolas suíças, cavalinhos obstétricos, entre outros equipamentos e métodos não farmacológicos para o alívio da dor e aumento da dilatação durante o trabalho de parto. Porém, foram relatadas situações em que profissionais interditaram o uso desses instrumentos sem informar as motivações para tal, ou então comentavam com tom de censura: "[...] Eu já sabia que tinha [a bola], então eu pedi. Primeiro ouvi assim 'você acabou de chegar e já quer a bola?', eu escutei isso. Aí depois de um tempo, trouxeram (Usuária, grupo focal)"[124]. Mesmo que sintam vontade de movimentação livre, as mulheres não expõem por receio de represálias.

Na prática, existe pouca flexibilidade quanto à aceitação de outras posições que não a litotômica. As enfermeiras são vistas como mais maleáveis e respeitam a movimentação da gestante com maior frequência, já os médicos são tidos como inflexíveis. No geral, mesmo que a mulher esteja utilizando algum dos equipamentos obstétricos, quando chega o período expulsivo, ela é direcionada ao leito:

> [...] frequentemente, as parturientes eram encaminhadas para a cama e colocadas em posição litotômica pelos profissionais assistentes: tratava-se de "posicionar" a mulher para o parto, ou seja, coloca-la em decúbito dorsal, com pernas elevadas

---

[123] NIY *et al.*, 2019.

[124] *Ibidem*, p. 8.

e apoiadas em estribos, tarefa em geral atribuída às técnicas de enfermagem[125].

Segundo a equipe e os gestores, a adoção dessa posição é ligada à "preferência" feminina. Porém, estudos anteriores[126] demonstram que além de dolorosa e antifisiológica, a posição de litotomia é preferência do profissional de saúde, uma vez que a visão e o acesso ao canal de parto são facilitados para as intervenções que seguem, como assepsia, controle fetal, episiotomias e suturas. Ademais, é uma exigência médica que a parturiente já esteja "posicionada" para que o(a) obstetra continue acompanhando o parto, bem como uma conduta confortável para a equipe, visto que a mudança de posição da paciente exige que a equipe também mude de posição.

A pesquisa evidencia que os protocolos de atenção à parturiente não apresentam oportunidade nem necessidade de conversas sobre diferentes posições de parto com as gestantes. O que é visto nas rotinas da maternidade são profissionais se afirmando enquanto superiores, expondo o dever das mulheres em se adequar aos padrões para garantir que os filhos nasçam com saúde. Nesse cenário, as mulheres são "posicionadas" e acatam a posição como única possibilidade de viver aquele momento.

O perfil da paciente também implica em uma variação de tratamento e de práticas profissionais. Muitas equipes costumam usar o termo "PI", que quer dizer "paciente informada", referindo-se a mulheres que obtêm informações além das consultas médicas e das que o serviço de saúde fornece. Elas são mais ativas na elaboração do plano de parto, portanto, consideradas mais questionadoras quanto às tomadas de decisão. Alguns teóricos[127] revelam que o grau de escolaridade da gestante é proporcional às suas chances de parir em outra posição que não a litotômica, e quanto menor for o nível de escolaridade, pior é a qualidade do atendimento recebido.

Restringir a deambulação, posicionar a parturiente no leito no trabalho de parto, e a obrigatoriedade da litotomia como posição de parto são práticas violentas contra as gestantes. Essa violência gera estresse e ansiedade nas mães, e influencia diretamente na "complexa orquestração hormonal necessária ao progresso do trabalho de parto e parto, podendo até mesmo interromper as contrações uterinas"[128]. Prejudicar o desenvolvimento

---

[125] *Ibidem*, p. 9.
[126] DAVIS-FLOYD, 2003.
[127] DE JONGE *et al.*, 2009.
[128] NIY *et al.*, 2019, p. 10.

fisiológico do parto transforma a experiência em um momento doloroso e opressivo, e se configura como violência obstétrica.

Por isso, algumas iniciativas foram incorporadas aos serviços de saúde na intenção de garantir o parto seguro e prazeroso para as gestantes. Uma dessas ações é a Iniciativa Hospital Amigo da Mulher e da Criança[129], a qual tem como critério[130] que caracteriza uma maternidade "amiga da mulher e da criança" a mulher ter livre movimentação no trabalho de parto e parto. A pesquisa de Denise Niy, mencionada anteriormente, foi realizada em uma maternidade em vias de implementação da IHAMC. Quanto maior a liberdade de movimento e maior o tempo em posições verticais, mais benefícios a parturiente terá na hora do parto vaginal. Essas ações auxiliam para que as contrações sejam mais efetivas, encurtando o período de tempo para atingir o grau de dilatação ideal. Devido a isso, o Ministério da Saúde e outros órgãos internacionais de saúde recomendam que as parturientes se movimentem livremente nesses momentos.

Voltando às rotinas protocolares, ao dar entrada em hospitais-maternidade, as gestantes passam pelo "cerimonial de internação". Elas se separam de suas famílias e/ou acompanhantes, suas roupas e todos os objetos pessoais são removidos, seus corpos são higienizados, ficam restritas a alimentação e, muitas vezes, a movimentação livre:

> Assim que eu cheguei na maternidade a minha mãe, minha irmã e o pai da minha filha foram barrados. Eu sentindo muitas dores e o ser humano na minha frente dizendo que tinha que preencher a ficha. [...] Me pegaram no meio do corredor, não falaram nada, me puxaram pra uma sala, todo mundo com roupa igual, e aí começaram: deita aqui, tira a roupa [...] Enquanto eu estava tendo uma contração, tiraram minha roupa, tiraram tudo que estava em mim, colocaram uma bata, me deitaram na cama. [...] (Celina, parturiente)[131].

Esse ritual compõe o início da série de protocolos. Os objetos pessoais substituídos pelas batas padronizadas são também processo de desperso-

---

[129] Iniciativa proposta pela Federação Internacional de Ginecologia e Obstetrícia (FIGO), pela OMS e por outras instituições de saúde em 2015.

[130] São 10 critérios: liberdade de movimentação no trabalho de parto e ingestão de alimentos leves e bebidas; política não discriminatória para mulheres HIV-positivas, adolescentes, minorias étnicas etc.; privacidade durante o trabalho de parto e parto; acompanhante de escolha da mulher; cuidado culturalmente competente; sem abusos físicos, verbais, emocionais ou financeiros; cuidado acessível ou, mesmo, gratuito; sem práticas de rotina; alívio farmacológico e não farmacológico da dor; contato pele a pele entre mãe e bebê e incentivo à amamentação.

[131] SAMPAIO; TAVARES; HERCULADO, 2019, p. 3.

nalização das parturientes, para que sejam vistas apenas como pacientes do hospital, não mais sujeitos com vontades próprias. As mulheres se transformam em propriedade institucional e objetos médicos:

> Um monte de gente dentro da sala, um monte de aluno, um monte de luz, um frio infeliz [...] e todo mundo estava como se eu fosse um objeto ali em cima, pegando várias coisas [...] barulho [...] fazendo várias coisas e eu não queria nada. [...] elas não olhavam pra mim [...] não estavam nem aí para o que eu estava falando (Celina, parturiente)[132].

Percebe-se a falta de acolhimento, de comunicação, de explicações sobre condutas, exames e procedimentos que serão feitos, comportamento que hostiliza a experiência da gestante. A partir do momento em que elas estão no hospital, ficam à mercê do poder médico e institucional, logo, de relações assimétricas. Também não são dadas condições seguras para que as parturientes se expressem:

> Chegou uma equipe do plantão com uma enfermeira muito ignorante, eram umas seis pessoas, e aí ela chegou e disse que tinha que fazer o toque. 'Não precisa, não quero!'. Ela disse: 'você não tem opção, a gente precisa ver como você está' [...] Sua bolsa não estourou ainda e a gente precisa estourar. Eu disse que estava tranquila, que não queria que estourassem [...] Ela disse: Ótimo! Fique aqui sozinha. Você vai parir aqui sozinha igual uma indigente (Celina, parturiente)[133].

Nos incontáveis exames de "toque"[134] que ocorrem ao longo do trabalho de parto, a abordagem da equipe com a gestante varia, podendo ser gentil ou hostil, como demonstrada no fragmento supra. No entanto, é frequente que sejam feitos sem aviso prévio ou permissão. Nesses casos, trata-se de um tratamento desrespeitoso e sexualmente violento: "[...] 'Ei, como vai isso aqui?', e eles colocam os dedos na sua vagina para olhar, sem seu consentimento, e assim como eles tiram, eles colocam os dedos em você"[135]. Se não fossem feitas em hospital, tais práticas seriam indubitavelmente entendidas como violência sexual.

---

[132] *Ibidem*, p. 4.

[133] *Ibidem*, p. 5.

[134] Consiste na introdução de um dedo do médico/enfermeiro na vagina da gestante, a fim de verificar o grau de dilatação do canal de parto, em caso de parto normal.

[135] RAZQUIN; ARANDA, 2019, p. 14.

Sobre o processo de parturição, esse é rotineiramente acelerado. Para que o parto seja realizado antes de seu início espontâneo, encurtando o processo, é comum prescreverem a ocitocina sintética, que estimula contrações uterinas, e amniotomia, que consiste na ruptura artificial da bolsa amniótica. Também aceleram o parto em si a partir de intervenções danosas e dolorosas, como as episiotomias, a manobra de Hamilton, que é a separação manual das membranas do útero para indução do trabalho de parto, e a de Kristeller, que consiste em pressão feita pelo profissional sobre o útero para a expulsão do bebê.

A pesquisa *Nascer no Brasil*, já mencionada, aponta o excesso de intervenções nos partos e nascimentos, e indica números que comprovam isso. A infusão de ocitocina e a amniotomia, por exemplo, foram utilizadas em 40% das 23.940 mulheres entrevistadas. Quanto à manobra de Kristeller, intervenção agressiva banida pela OMS e nociva à saúde materna e neonatal, a taxa de utilização foi de 37%. Essas práticas são associadas a efeitos iatrogênicos para os bebês, como prematuridade iatrogênica, internação em UTIs e hemorragias, bem como ao aumento da morbidade materna. O uso abusivo faz com que efeitos colaterais tenham maiores chances de acontecer.

Um desses procedimentos rotineiros nocivos utilizados em larga escala é a episiotomia. Trata-se de uma intervenção extremamente controversa, e apesar de ser muito praticada nos hospitais-maternidade, existem poucos estudos publicados sobre os efeitos da realização em larga escala e das suas possíveis consequências. Caracteriza-se por uma incisão cirúrgica na região do períneo, feita para aumentar o lúmen do introito vaginal e facilitar a passagem do bebê pelo canal. Em *Episiotomia de rotina: necessidade versus violência obstétrica*[136], os autores exploraram os cenários nos quais a episiotomia é necessária e quando ela se torna uma violência obstétrica.

A realidade hospitalar nos mostra que episiotomia é recurso rotineiro, e isso sujeita as mulheres a maiores riscos. Tal procedimento é indicado apenas em casos de prevenção da integridade perineal ou do feto em parto cirúrgico vaginal, parto prematuro, disfunção pélvica, macrossomia, riscos de laceração perineal grave, e para mulheres que já passaram pelo procedimento em partos anteriores. Apesar de ela diminuir chances de lesões perineais, quando realizada em rotina e por técnicas erradas, torna-se um risco para lacerações graves nas parturientes. O risco de lacerações existe em igual

---

[136] CARNIEL; VITAL; SOUZA, 2019.

proporção se realizada ou não a episiotomia, portanto, a justificativa de episiotomias de rotina para evitar traumas não é embasada cientificamente.

Nas maternidades, porém, a episiotomia é comumente utilizada como rotina para "acelerar o processo do parto, ganhar tempo e evitar trabalho"[137]. Somado ao seu uso inadequado, é comum mulheres submetidas ao procedimento não serem avisadas sobre ele:

> Além de seu uso indiscriminado, que leva a acrescentar riscos à saúde, devido a essa quebra da integridade tecidual ao corpo pelo procedimento em si, estudos comprovam que este procedimento é, muitas vezes, realizado sem o consentimento prévio da parturiente ou sem explicação precedente do que é o procedimento e o porquê de sua realização[138].

A aceitação do procedimento é via imposição da equipe. No geral, profissionais justificam a episiotomia alegando a necessidade de "facilitar" o parto. As parturientes, por não terem informações o suficiente, concordam com a intervenção. Pelo fato de as gestantes não consentirem, não serem avisadas, não obterem informações suficientes para fazer bom ou mau juízo, a episiotomia se configura como mutilação genital, uma vez que agride a integridade física e a autonomia da pessoa parturiente.

A episiotomia em uso ordinário gera diversas consequências à saúde das mulheres, desde traumas físicos, riscos de infecção, dores perenes, a repercussões psicológicas. Esse procedimento está principalmente associado a lacerações de grau II e persistência da dor perineal após o parto duas vezes mais frequente se comparada ao parto sem episiotomia. Essa dor, inclusive, pode se estender a nível semestral e anual. Partos traumáticos se relacionam diretamente a dores pós-parto, que são mais intensas em casos de laceração de II, III e IV grau. Relatos de mulheres episiotomizadas revelam consequências como incontinências urinárias, infecções locais recorrentes, e dificuldade na retomada sexual, dispareunia[139] até seis meses após o parto, perda de desejo e prazer sexual, irritação vaginal, interferência na irrigação genital e incômodo com a aparência da vagina após a cicatrização.

Essas intervenções mencionadas até aqui, usualmente feitas sem a ciência da parturiente, enquadram-se como violências obstétricas. Isso porque elas se caracterizam como procedimentos desnecessários, não recomenda-

---

[137] *Ibidem*, p. 6.
[138] *Ibidem*, p. 3.
[139] Dor genital durante a relação sexual.

dos e/ou obsoletos, que podem gerar distócias, iatrogenias e insatisfações na parturiente.

Considerando o exposto, percebemos certa distância entre a prática clínica e as evidências científicas na área da ginecologia e obstetrícia. Muitas intervenções são contraindicadas por órgãos regulamentadores, mas consideradas normais na rotina das maternidades.

Uma forma de comunicação entre a gestante (ou o casal) e a equipe assistencial é o "Plano de Parto". Esse é um documento que salvaguarda as vontades da gestante na condução do trabalho de parto e do nascimento. Ele é elaborado ao longo do pré-natal pela gestante em conjunto com profissionais da obstetrícia, e nele consta informações como: acompanhante de parto, posições para o trabalho de parto, métodos de alívio da dor, posições para o nascimento, alimentação da mãe e bebê(s), situações inesperadas, entre outros. O plano de parto facilita o acesso da gestante às condutas de sua preferência no processo de parturição, bem como evita condutas hostis a ela. Apesar disso, não existem garantias absolutas de que o documento será respeitado. Seu cumprimento depende de algumas condições, como o grau de risco da gravidez, a ambiência hospitalar, as condições técnicas da equipe, impossibilidades de o plantonista atender a determinadas solicitações, entre outras.

Encontrei fortes indicações de tratamentos negligentes da equipe em relação ao plano de parto. Apesar de ser um direito da gestante, ele pode ser visto como algo pretensioso, como se afirmasse falta de conhecimento por parte dos profissionais, e intenção de as gestantes em "ensinar" o ofício da equipe obstétrica, em estudos sobre plano de parto no SUS, observou que a equipe profissional pode tomar como provocação o fato da gestante demandar autonomia em ambiente hospitalar, e como resultado receber tratamento negligente. A equipe também costuma classificar pacientes como "mais fáceis" aquelas que não questionam prescrições, e caso não "obedeçam", questionem ou recusem determinados procedimentos, podem sofrer retaliações e/ou negligência:

> Eu disse não, não quero, não vou sair daqui. E ela disse para o meu marido: 'Olha só, pai, se ela continuar desse jeito aí eu não vou fazer mais nada, não vou mais tocar nela'. [...] Como eu tinha plano de parto foram me deixando lá, como se fosse um desprezo. Era como se fosse muita pretensão minha levar um plano de parto para dizer a eles o que fazer [...] Tratavam

quem não tinha informação como se a pessoa fosse imbecil: 'mãezinha, é assim mesmo, dói assim mesmo'. E comigo era desprezo! (Dandara, parturiente)[140].

Em outros momentos, as pacientes são culpabilizadas pela dor que sentem ou pelo procedimento que deu errado, visto que a equipe seguiu o plano de parto e mesmo assim as pacientes se queixaram de algo. Desse modo, entende-se que a melhor conduta da parturiente, sob efeito do formato hegemônico de assistência, é que sejam excluídas de decisões, fiquem alienadas de seus processos, sejam passivas e dóceis.

As violências em saúde são vinculadas a violências do Estado, que, por ações diretas, indiretas, e/ou omissões, é responsável sobre elas. Após investigar as queixas relativas à área da saúde, Clara Bellamy publicou seu estudo sobre as recomendações emitidas pela Comissão Nacional de Direitos Humanos (CNDH) do México, órgão responsável pela proteção e defesa dos direitos humanos frente a violações do serviço público. Quando recebem queixas, a CNDH emite recomendações para instrução e difusão de conhecimentos aos cidadãos. Bellamy investigou essas recomendações no período entre 2000 e 2016.

Um primeiro ponto observado é que a área da saúde é a que mais recebe queixas. O número de reclamações é superior ao do exército, da polícia, das instituições de procuração da justiça e da marinha. Na sistematização dos dados de violações em saúde, foram encontrados quatro perfis populacionais: homens, mulheres grávidas, mulheres não grávidas, e casos coletivos. Ficou evidente o marcador de gênero na violação de direitos em saúde, visto que 59% das recomendações são sobre queixas feitas por mulheres, e destas, 66% são queixas específicas de gestantes. É interessante observar que os dados das mulheres, gestantes e não gestantes, assemelham-se à realidade brasileira.

Dentre as queixas somadas de todos os perfis populacionais, foram identificadas quatro categorias de violação em saúde: a espera, a cascata de erros, a exclusão e a violência obstétrica. De forma resumida, a espera diz respeito aos grupos marginalizados que se subjetivam por meio de longas esperas, de peregrinação por serviços, pela atenção negada à saúde, pelo abandono e indiferença burocrática. Na cascata de erros são mencionados diagnósticos tardios e/ou errôneos, e consequentes tratamentos inadequados que afetam gravemente os pacientes. A categoria exclusão aborda grupos populacionais que sofreram privação de direitos básicos. E, por último, a

---

[140] SAMPAIO *et al.*, 2019, p. 6.

violência obstétrica, tratada na pesquisa como forma de violência especí-
fica contra os direitos sexuais e reprodutivos das mulheres na atenção a
gestação, parto e puerpério. Ficam em evidência as situações graves como
mortalidade materna e perinatal, esterilização e contracepção forçada, e o
parto fora da sala de parto.

A categoria de "violência obstétrica" merece destaque aqui. O número
de mulheres grávidas é o maior dentre os perfis populacionais que formalizam
suas queixas na CNDH. Ressalta-se que muitos casos não são denunciados,
pois a população desacredita da eficácia das denúncias, e as investigações
geralmente não se iniciam.

Os casos, em maioria, culminaram em graves complicações, como
morte das gestantes, morte do(s) bebê(s), ou morte de ambos. Quanto à mortalidade perinatal, elas se apresentam principalmente por sofrimento fetal,
asfixia ou hemorragias, e isso se dá pela negligência na atenção, abandono
ou descaso em relação às queixas da paciente. A autora também discute a
forma na qual os médicos atribuem a responsabilidade da situação às mães,
culpabilizando-as das intercorrências. Casos de desaparecimento do corpo
do(s) bebê(s) também são colocados em evidência. Tais desaparecimentos
se associam à etapa do desenvolvimento em que o bebê estava quando foi
a óbito, e dependendo, são concebidos como "produtos" ou "tecido morto",
não levando em consideração a construção simbólica e o processo de luto
da mãe em torno desse corpo. Quanto aos casos tanto de morte materna
quanto de morte da mãe e bebê(s), relacionam-se à cascata de erros médicos,
ao descaso das queixas da parturiente e do cuidado superficial. Nesses casos,
um padrão de violência foi identificado, que demonstra o menosprezo da
equipe em relação à dor que as pacientes afirmam sentir. Inclusive, esses erros
médicos, em maioria, são encobertos por órgãos e autoridades médicas, os
quais se negam a auxiliar na investigação da CNDH.

O parto em locais inadequados também é recorrente. As parturientes
chegam aos serviços de saúde, são colocadas em espera por atendimento,
orientadas a caminhar pelo espaço, até que chegam ao período expulsivo e não
recebem a atenção precisa. É comum darem à luz nos banheiros do hospital,
na sala de espera, nos pátios, corredores, ou outros locais nas imediações do
estabelecimento. Quanto à última categoria de denúncias mais frequentes,
esta aborda a esterilização e a contracepção forçada. O artigo examina um
caso no qual a gestante foi abandonada por um longo período, seu bebê
faleceu após o parto e, nela, foi feita uma cirurgia de laqueadura sem que ela

soubesse ou permitisse. Existem casos[141] bastante parecidos no Brasil, que vêm a público pela mídia. Em ocasiões de pesquisa de campo, eu mesma já ouvi comentários de casos em que médicos decidem por fazer a laqueadura em mulheres pobres, mães de muitos filhos, no intuito de "salvar" a mulher e as próximas crianças de um futuro miserável. Clara Bellamy discorre sobre esse assunto também integrar a violência institucional e a violação de direitos em saúde por tirar a autonomia e o poder da decisão das mulheres.

Retornando ao atendimento de mulheres negras, discorrido no Capítulo 2, na influência do racismo no cuidado a essa população, a pesquisa de Rebecca Theophilo, Daphne Rattner e Éverton Pereira evidencia as rotinas hospitalares em relação às mulheres negras atendidas no SUS.

Os autores observam a saúde de mulheres negras sob o prisma étnico-racial, e demonstram que o racismo tende a interferir diretamente no processo saúde-doença. O estudo teve por objetivo demonstrar as diferenças na atenção ao pré-natal e ao parto no SUS, e, para tanto, foram utilizados dados da Pesquisa de Ouvidoria Ativa da Rede Cegonha (POARC). A evidência de maior vulnerabilidade de mulheres pretas e pardas, num primeiro momento, fica expressa na alta frequência de gestantes adolescentes atendidas, sendo 18,3% pretas/pardas e 15,1% brancas. No pré-natal, mulheres brancas apresentam maiores taxas de gravidez planejada e maiores números adequados de consultas, conforme recomenda a Rede Cegonha. Em relação a conteúdos informativos sobre tipos de parto, em específico o parto normal, os dados mostram que mulheres pretas recebem menos informações em comparação às mulheres brancas. Isso se repete em relação a conteúdos informativos sobre o local do parto.

A assistência ao parto também se apresenta dificultada. As estatísticas demonstram que mulheres pretas e pardas têm dificuldade em conseguir atendimento no primeiro hospital que localizam, bem como apontam que o tempo de espera por atendimento é maior e a presença de acompanhante é em menor frequência. Na categoria "tipo de parto", a cesárea é mais praticada em mulheres brancas, enquanto na população preta é mais frequente o parto normal. O questionário também avaliou agressões na hora do parto,

---

[141] Disponível em: https://www.bahianoticias.com.br/saude/noticia/29577-mulher-de-ro-descobre-que-fui--submetida-a-cirurgia-de-laqueadura-sem-autorizacao.html; https://www.uol.com.br/universa/noticias/redacao/2021/10/28/presas-dao-a-luz-algemadas-e-passam-por-laqueadura-sem-saber-diz-orgao.htm; https://claudia.abril.com.br/noticias/mulher-diz-que-foi-forcada-pela-justica-a-fazer-laqueadura/; https://www.em.com.br/app/noticia/internacional/2018/06/14/interna_internacional,966778/esterilizacao-forcada-de-moradora-de--rua-gera-indignacao.shtml. Acesso em: 1 jun. 2022.

sendo que 84,8% e 84,6% de mulheres brancas e pretas, respectivamente, disseram não ter sofrido. As que responderam afirmativamente são em maioria mulheres pretas.

Mesmo que alguns dados não indiquem explicitamente que mulheres pretas recebem atenção à saúde inferior a mulheres brancas, existem indicações de diferença na assistência baseada em cor e raça. Os autores colocam que a

> Proporção menor com o número de consultas preconizado pode ser reflexo da desigualdade sócio-econômica; proporção menor com informações sobre parto normal e local de parto pode refletir rotinas dos serviços e não sinais de discriminação, assim como a peregrinação e maior tempo de espera[142].

O sistema de assistência pré-natal e parto tem por objetivo o cuidado da gestante do início ao fim da gravidez, além de que deve assegurar que ela seja atendida com qualidade. Ao mesmo tempo que os dados demonstram uma maior vulnerabilidade socioeconômica da população de mulheres pretas no Brasil, eles também evidenciam uma deficiência no sistema de saúde que não facilita e não está qualificado em oferecer acesso igualitário a todas as mulheres que dependem dele.

Outra forma de violência obstétrica encontrada nos serviços de saúde está presente na assistência aos Abortos terapêuticos. No Brasil, como já mencionado, o aborto só é possível em caso de representar risco de vida para a gestante, quando a gravidez for resultado de estupro ou se o feto for diagnosticado com anencefalia. Esses são casos em que o SUS deve disponibilizar o procedimento.

Existe uma série de violências na assistência ao aborto terapêutico, mesmo quando o procedimento é resguardado por lei. Alguns estabelecimentos de saúde dificultam o acesso das mulheres ao atendimento nesses casos. Em maioria, acontece o manejo inadequado de informações, no qual as mulheres recebem instruções equivocadas sobre o seguimento dos processos e findam em esgotamento emocional frente à situação. Em alguns países da América Latina, o período máximo para que seja feito o aborto terapêutico é em até 22 semanas de gestação, e a burocratização do procedimento se coloca como um obstáculo, a ponto de que o período de tempo chegue ao limite do que é permitido. No Brasil, o Código Penal recomenda que o

---

[142] THEOPHILO; RATTER; PEREIRA, p. 3512.

procedimento seja feito entre a 20.ª e 22.ª semana de gestação, mas, apesar disso, pode ser feito com a gravidez mais avançada. Alguns pesquisadores veem essa conduta intencional para que a mulher crie vínculo com o feto e desista do procedimento.

Em casos de abortamentos, é comum episódios de culpabilização e crueldade no atendimento às pacientes. A forma de tratamento da equipe de saúde muitas vezes envolve a responsabilização da gestante pela situação em que ela se encontra, e por isso usam de métodos punitivos. Às vezes, os procedimentos médicos são feitos na frente de outras pacientes, em quartos compartilhados, demonstrando falta de privacidade e descaso com possíveis pudores da paciente. Também há situações de negligência para analgesia das mulheres, que solicitam, mas não são atendidas.

A constatação a respeito do aborto terapêutico é que, apesar de legalizado, o processo ainda permanece atravessado por questões morais e por preconceitos. Mesmo em situações de estupro e risco à saúde da mulher, existe um grande debate sobre a legitimidade do aborto em que argumentos a favor e contra, com viés jurídico, motivações religiosas, morais, culturais, entre outras, estão presentes.

Um ponto que podemos ressaltar aqui é que mulheres que procuram esse serviço, em maioria, encontram-se em estado profundo de vulnerabilidade emocional. Ao passar pelos serviços de saúde, que em teoria são de amparo e cuidado, mas na prática são violentos e dificultam o processo de aborto, essas mulheres podem sofrer danos emocionais que contribuem no agravamento do estado vulnerável. O aborto terapêutico, que deveria ser tratado como questão de saúde pública, e como direito reprodutivo, na verdade se apresenta como caso de violação de direitos das mulheres, podendo gerar riscos à saúde física e mental.

3.2 Percepção dos profissionais sobre a Violência Obstétrica

Investigar a lógica de atuação da equipe é importante para compreender a forma e os motivos das condutas profissionais. Saliento que foram encontrados estudos acerca da percepção de enfermeiras[143] em maior número se comparados com pesquisas a respeito da percepção médica sobre o assunto. Portanto, o debate está centrado no posicionamento da equipe de enfermagem quanto às formas de violência nas rotinas hospitalares. As

---

[143] O termo será usado no feminino devido ao campo da enfermagem ser composto por mulheres em maioria.

profissionais que atuam em maior número na assistência à gestante são as enfermeiras obstétricas, que atendem diretamente a pré-natal, parto normal, cesariana e pós-parto.   O conceito de Violência Obstétrica e a forma que ele é percebido pela equipe são variados, mas a maioria das definições apresentou concepções ampliadas sobre o tema. A violência obstétrica foi definida como violência física, verbal, em forma de desrespeito à autonomia da parturiente, de intervenções desnecessárias. Sobre a comunicação verbal, as profissionais mencionam que é possível perceber formas de violência em tons de voz agressivos da equipe para com a paciente, em palavras ou expressões inadequadas, em julgamentos morais e preconceitos e em manipulações ou ameaças. Nessas situações de ofensas e difamações, elas relatam causar inibição nas pacientes, constrangimento, e até mesmo dor física. É reconhecido que a agressão pode ser exercida verbalmente e ter consequências psicológicas irreparáveis.

Outras formas de violência identificadas pelas enfermeiras são o desrespeito à autonomia e a negligência. Sobre esses aspectos, elas se referem à invasão à privacidade da parturiente, ao descaso de suas crenças, ao impedimento sobre sua decisão acerca do tipo de parto e ao não seguimento do plano de parto. A negligência é abordada como falta de cuidado, como omissão sobre os procedimentos a serem feitos. Entram também menções ao desrespeito quanto à fisiologia do parto, no momento em que são feitas intervenções desnecessárias para acelerar o que deveria ocorrer de maneira natural e gradual.

Foram encontradas também falas de membros da equipe que se reconhecem como praticantes de violência contra a gestante. Elas mencionam a recusa por autorização de acompanhante, momentos que negam analgesia às mulheres por acreditarem não ser necessário, e as situações em que não informam os procedimentos que estão sendo feitos.

Alguns dos procedimentos também são compreendidos como agressão à parturiente. São eles a manobra de Kristeller, a episiotomia, a ocitocina de rotina e a amniotomia. Exames de toques sucessivos e doloridos também são considerados como violência obstétrica.

As enfermeiras descrevem situações em que identificam violência na atuação médica:

> [...] o obstetra chegou e começou a gritar com ela, que ela tinha que fazer aquilo, que ela tinha que abrir as pernas: "tem que abrir as pernas pro seu menino nascer, você fechar não

resolve" gritando com ela. Eu acho que isso também é uma violência, a forma como você fala com a mulher [...]. (EO1).

[...] Quando eu comuniquei com ele, rapidamente ele saiu da sala e retornou uns 5 minutos depois com um fórceps na mão. Aí ele falou assim comigo: "dá licença que eu vou passar um fórceps". Eu perguntei por quê? E ele: "porque eu tenho que ensinar o Dr fulano de tal" [...]. (EO16).

[...] Pra mim, uma imagem que marcou foi um obstetra falar que a mulher não conseguia ganhar o neném porque ela era gorda e ficava repetindo: "gorda. Engordou esse tanto na gestação que agora o menino não sai" [...]. (EO9)[144].

Há também equipes/membros com concepções limitadas sobre a Violência Obstétrica. Essas profissionais não assimilam o elevado número de intervenções, como a episiotomia, como práticas violentas, e acreditam que os procedimentos são fundamentais e auxiliam o processo das parturientes. Mesmo sabendo das contraindicações, dizem ser necessário na maioria dos casos para evitar complicações. Inclusive, por não reconhecerem a conduta como violenta, continuam por adotar tais procedimentos.

Um ponto interessante destacado pelas enfermeiras é em relação ao perfil das mulheres expostas à violência. Elas colocam que a maioria das gestantes que sofrem agressões são de baixa escolaridade. Por essa razão, consideram o acesso à informação e à educação em saúde na fase pré-natal essencial para que as gestantes conheçam seus direitos e todas as etapas e possibilidades da gestação e do parto. Todas as gestantes, sobretudo as de baixa escolaridade, se não recebem informações suficientes ficam mais propensas a terem seus direitos violados.

Não foram encontrados dados consistentes sobre as opiniões da equipe a respeito da realização de intervenções no parto. Porém, as práticas de intervenções entre médicos e enfermeiras é diversificada, como no caso da episiotomia. O parto hospitalar acompanhado por médicos obstetras é associado a maiores índices de episiotomias, e nesses casos, os profissionais justificam que não é preciso esperar o períneo se alargar naturalmente e o procedimento encurta o período do segundo estágio do parto. Já a atuação de parteiras e enfermeiras obstétricas brasileiras é associada a menores taxas de episiotomia. Essas profissionais optam pela evolução natural do parto,

---

[144] MIRANDA *et al.*, 2019, p. 418.

sem intervenções instrumentais. Um estudo[145] de assistência por enfermeiras obstétricas a partos domiciliares demonstrou que em apenas 11 de 458 partos a episiotomia foi realizada. Dessa maneira, refletimos que no quesito de práticas, os médicos optam por intervenções instrumentais, enquanto enfermeiras e parteiras, por intervenções naturais.

Outra questão controversa é a posição de parto em casos de parto vaginal. Gestores e equipe de saúde afirmam a liberdade de movimentação das mulheres atendidas, citando equipamentos que auxiliam para alívio da dor presente na sala de parto, bem como a disponibilização de instrumentos para partos em posições verticalizadas, como a banqueta. Além disso, falam sobre o espaço físico dos hospitais, a presença permitida de acompanhante e doula, e o incentivo dado à gestante pela da equipe. Na escolha da posição de parto, a equipe declara que as gestantes são livres para escolha de posição confortável, porém afirmam que a maioria prefere a litotomia.

No entanto, a percepção da equipe dos gestores se distancia do que é observado na rotina do serviço. A liberdade de movimentação é respeitada no trabalho de parto, porém, logo no início do período expulsivo as parturientes são "posicionadas" rapidamente e colocadas em litotomia. Ao mesmo tempo, outros tipos de posição, como a cócoras, são tidas pelos profissionais como menos civilizadas, ou, ainda, como práticas indígenas. A "preferência" da gestante pela litotomia é, na verdade, escolha dos próprios profissionais, os quais elas não se sentem à vontade para questionar.

A tomada de liberdade pela gestante é uma contradita pelos médicos. Em maioria, eles consideram a mulher incapaz de decidir sobre ela e o(s) filho(s) nesse momento específico. Em *Percepção dos médicos sobre a violência obstétrica na sutil dimensão da relação humana e médico-paciente*, os médicos entrevistados afirmam que a opinião das gestantes é importante, e que consideram obrigação profissional informar e pedir contribuições das mulheres nas tomadas de decisões. Porém, as autoras da pesquisa percebem que "nas circunstâncias em que a paciente questiona a conduta prescrita e, eventualmente, recusa seguir as recomendações, fica evidente o entendimento dos médicos que a autonomia da mulher tem limite"[146]. Geralmente é por meio do "risco" à mãe e/ou ao feto que eles estabelecem esses limites de autonomia:

---

[145] PEREIRA, A. L. F.; LIMA, T. R. L.; SCHROETER, M. S.; GOUVEIA, M. S. F.; NASCIMENTO, S. D. Resultados maternos e neonatais da assistência em casa de parto no município do Rio de Janeiro. *Esc. Anna Nery Rev. Enferm*, v. 17, n. 1, p. 17-23, 2013. Disponível em: http://www.scielo.br/pdf/ean/v17n1 /03.pdf. Acesso em: 28 nov. 2018.
[146] SENS; STAMM, 2019, p. 9.

A mulher pode opinar desde que não coloquem em risco a mãe e o filho. (M22).

Bem estar fetal! Quanto valem os neurônios de cada bebê? Violência obstétrica foca apenas nos procedimentos contra a mãe. Tenho a impressão que pouco se comenta sobre o impacto disso no bem estar fetal. (M14)[147].

Um aspecto que os médicos dizem facilitar a assistência à gestante é que elas sejam bem preparadas, informadas. Nesse ponto de vista, pacientes bem orientadas são mais fáceis de lidar, principalmente ao longo da internação:

[Pacientes mais fáceis de lidar são] As bem orientadas e esclarecidas, e com boa relação com a equipe médica e de enfermagem. (M3).

[Pacientes mais fáceis de lidar são] As bem informadas, conscientes que muitos procedimentos podem ser necessários se bem indicados. (M4).

[Pacientes mais fáceis de lidar são] Com bom acompanhamento pré natal e orientadas, mas de bom senso. (M9)[148].

Percebe-se que quanto mais aberta ao diálogo, confiar na equipe, e se mostrar colaborativa, melhor será o atendimento. Porém, essa opinião se transforma no momento em que as mulheres questionam as condutas adotadas pelos médicos. As mulheres passam a ser taxadas de "difíceis" quando se recusam a aceitar indicações médicas, passam a ser consideradas como radicais e exageradas:

[Pacientes difíceis de lidar são] Aquelas que sabem tudo de obstetrícia. São radicais e não colaboram. (M2).

[Pacientes difíceis de lidar são] As que exageram na autonomia e desconsideram ser questionadas em seus conceitos. (M20).

Excesso de questionamentos, plano de parto abusivo, não entendimento de ser local acadêmico. (M14)[149].

A demanda de autonomia por parte da gestante gera conflitos de interesses e a equipe muitas vezes não se encontra preparada para lidar da

---

[147] *Ibidem*, p. 10.
[148] *Ibidem*, p. 6.
[149] *Ibidem*, p. 6.

melhor forma com essa situação. Eles podem tomar como provocação e tratar como pressuposto para tratamento médico negligente.

Vale sublinhar que os médicos se observam, na verdade, como as maiores vítimas da violência institucional. Os médicos entrevistados no último estudo citado, todos, entendem-se como vítimas de violência em suas atividades profissionais. Alguns pontos foram levantados por eles, como a precarização do trabalho em instituições de saúde, demandas excessivas, falta de profissionais e assistência pré-natal inadequada:

> Trabalhar sem vagas, enfermagem sobrecarregada, população descontente com o sistema de saúde pública, cultura do "médico é responsável por tudo". (M11).

> Poucas salas de atendimento na triagem x stress na demora do atendimento. Poucas vagas de alto risco, sobrecarrega o triagista com a responsabilidade de assumir qual paciente será rejeitada para internação (M1)[150].

Eles também dizem que sofrem violências verbais relacionadas à falta de concordância dos pacientes quanto às condutas. Essas violências aparecem em forma de desacatos, ameaças, desrespeito, comentários hostis. As autoras ressaltam que a equipe de saúde é realmente vulnerável a sofrer diversos ataques violentos, e esse assunto é pouco discutido por políticas de prevenção. De fato, casos de violências no ambiente de trabalho são recorrentes.

3.3 Percepção de Violência Obstétrica das parturientes

Todas as mulheres têm o direito a ter uma boa vivência de parto. As recomendações para a equipe assistencial é que seja proporcionada uma experiência satisfatória, em qualquer opção de parto. O importante é que a mulher se sinta acompanhada, segura e viva ao longo do processo. Contudo, as análises até agora têm apontado para diversos tipos de maus-tratos, como violências físicas, psicológicas, verbais, simbólicas, entre outras. Por ocorrerem em lócus de cuidado e atenção à saúde, são desconsideradas enquanto violações e encaradas como formas inevitáveis de cuidado. Nesse ponto iremos explorar a percepção das mulheres quanto ao cuidado à gestante e à puérpera recebido nas instituições de saúde.

---

[150] *Ibidem*, p. 8.

Para iniciarmos, trago a pesquisa de Daniela Carmona e Maria Miranda que buscou dar voz às experiências de parto. Uma das autoras, também performer, fez uma série de apresentações em diversos contextos, e o artigo é fruto de reflexões sobre essas experiências de apresentação. A performance em questão, chamada "Mitoprofânica", é a narrativa do mito de Deméter, deusa da agricultura e das gestantes, que após ter a filha raptada e violada, cria os ciclos das estações do ano. Ao longo da performance, a autora também resgata a história de seu próprio nascimento, advindo de um trabalho de parto repleto de violências, com duração de dois dias e que culminou em uma cirurgia cesariana desnecessária. Após a apresentação, a autora sugere um debate para que o público conte as próprias histórias de nascimento e parto. O que ficou evidente no artigo foi que a maioria das histórias eram sobre sofrimento, medos, e variados graus de violências.

O público, de diversas idades, contou sobre as tendências de nascimento de acordo com cada década. Os participantes nascidos entre os anos 70 e 90 contam histórias de muita violência, sendo a cesariana predominante. As narrativas de pessoas mais velhas tiveram, sem dúvidas, mais lembranças positivas. A autora indica que, no Brasil, a assistência obstétrica entre os anos 60 e 90 foi altamente intervencionista, medicamentosa, sem o acolhimento ideal à gestante e sem a dimensão do processo fisiológico que é o parto.

As mulheres, em maioria, demonstraram ânsia por falar sobre suas experiências. Elas relataram sensação de abandono, de serem mal informadas, negligenciadas, tratadas com agressividade, e a autora escreve sobre a inquietação vivida por elas em busca de dar sentido ao sofrimento que restou da experiência. Pontua-se que as participantes que expuseram suas histórias são de baixa renda e atendidas pelo SUS. A impressão que fica diante desses relatos é de "uma população maltratada desde a fase embrionária"[151].

Ao meu ver, é comum mulheres associarem a violência obstétrica a práticas obsoletas. Uma elevada proporção de parturientes é submetida a episiotomias, posição litotômica, manobra de Kristeller, vácuo extrator, separação do bebê logo após o nascimento, entre outras práticas questionáveis sem informação. Essas práticas, por serem normalizadas nas maternidades, não são vistas como violentas, e as gestantes, em muitas ocasiões, não se percebem como violentadas. Mas não por isso que elas deixam de relatar os desconfortos que passam sob os cuidados hospitalares. As queixas são relacionadas a imposições de condutas, intervenções não consentidas, mani-

---

[151] CARMONA; MIRANDA, 2019, p. 49.

pulação de informações, abusos verbais, demasiados exames de toque vaginal, falta de acesso a alívios de dor e outras violências físicas. Elas percebem a interferência na evolução natural do parto, ou quando datas e prazos são estabelecidos de acordo com as necessidades profissionais e/ou institucionais.

As mulheres também falam da baixa qualidade da assistência recebida. A pesquisa de Guimarães, Jonas e Amaral em uma maternidade pública no estado do Tocantins demonstra que entre as queixas estão a falta de acolhimento, a baixa resolutividade e os diagnósticos errôneos:

> [...] o médico deixou a desejar [...] eu não consegui tirar dúvidas com ele [...]. Não levantava a cabeça pra olhar pra gente [...] tinha uma má vontade de me responder, de atender (P21, 27a, R03).

> A gestação em si foi bem tranquila. Agora, se tu me perguntar em relação ao atendimento lá no hospital [...] deixou a desejar [...] (P35, 34a, R04)[152].

Esse distanciamento entre paciente e equipe se dá pela descontinuidade da assistência, ocasionando a falta de vínculo, o que é apontado diversas vezes pelas gestantes como falha no cuidado. Inclusive, é constatado que um dos fatores que afeta negativamente a experiência é o relacionamento com a equipe.

Se a forma de tratamento recebido é atenciosa e respeitosa, a experiência na maternidade será boa e confortável. Porém, o que se tem nas práticas hospitalares hoje, em maioria, são profissionais que fazem exames, monitoramentos, intervenções e até auxiliam o parto sem se apresentarem minimamente. As gestantes recebem poucas explicações sobre o próprio estado de saúde, e ao tomarem decisões médicas sem consultá-las, os profissionais aludem que essa unilateralidade é para o bem da paciente.

Outro ponto que levantam é o de intervenções sem justificativas médicas e sem sua autorização:

> [...] no curso me falaram para comprar uma daquelas almofadas que parece uma boia, com um buraco no centro. Quando outra mulher perguntou para que servia, eles disseram que era para a ferida da episiotomia. Me lembro que depois que a enfermeira explicou por que se faz a episiotomia, outra senhora disse que quando o médico perguntou a ela, ela ia

---

[152] GUIMARÃES; JONAS; AMARAL, 2018, p. 4.

dizer para que não fizessem nela, que ela não queria, mas a enfermeira respondeu: "mãezinha, isso não é uma pergunta, o médico diz eu vou cortar e corta, ele não vai perguntar se você quer ou não, ele só informa ou não, simplesmente faz e pronto". (Relato de Virginia, datada de 15 de março de 2015).

No curso psicoprofilático eles explicavam os cuidados que devem ser tomados com a ferida da episiotomia, sobre a dor e ardor que era normal sentir e sobre a importância da dieta para evitar a constipação [...] a enfermeira disse: "se não prestarem atenção na comida e ficarem com prisão de ventre, vão ver estrelas de tanta dor". Aí outra senhora perguntou: "mas essa episiotomia só é feita se for necessário, certo?" E a enfermeira respondeu em tom de deboche: "não, mãe, todo mundo aqui vai sair com uma episiotomia, ninguém está salvo disso, a menos que ela tenha uma cesariana, em nesse caso, os cuidados com a ferida cirúrgica são os mesmos". (Relato de Paloma, em 20 de maio de 2015)[153].

Percebe-se que, quando se fala em intervenções no parto ao longo do pré-natal, fazem-nas parecer como necessárias, sobretudo, obrigatórias.

O descumprimento da lei do acompanhante também é bastante mencionado. As mulheres dizem sentir grande desamparo dentro das maternidades, e essa falta de apoio poderia ser resolvida com um acompanhante de sua livre escolha. Alguém de confiança faria grande diferença naquele momento.

Os sentimentos mencionados são sempre negativos. A sensação é de fragilidade frente ao tratamento recebido, incapacidade, medo da própria morte e de seus filhos: "Eu me senti incapaz, frágil [...] um certo medo [...] uma tristeza muito grande [...]"[154]. Além disso, a banalização de suas dores é percebida como violência, ao passo que elas não se sentem ouvidas ao pedirem ajuda. Em decorrência desses fatos, nota-se a submissão silenciosa, justificada pelo receio de serem ignoradas ou reprimidas.

Outros tipos de coerção que as parturientes identificam, e nomeiam por violências, são as verbais, psicológicas, físicas e as negligências. A má qualidade do serviço e o tratamento negligente são relatados com maior frequência. Em segundo lugar está a violência verbal, como os tratamentos grosseiros, gritos, humilhações: "[...] quando eu fui pra sala de cirurgia, o neném já estava apontando a cabeça [...] aí eu fiz cocô [...] eles gritaram que

---

[153] VALLANA-SALA, 2019, p. 136.

[154] GUIMARÃES; JONAS; AMARAL, 2018, p. 5.

era pra eu ir pro banheiro pra eu me lavar"[155]. As mulheres são orientadas a até mesmo se calarem, pois "[...] quando as mulheres gritam demais, eles deixam lá e vai cuidar das outras que estão mais calmas [...]"[156]. Em alguns casos, o Plano de Parto é desconsiderado, e a equipe opta por seus protocolos de rotina. Mesmo que expressem recusa por determinados procedimentos, as parturientes demonstram não ter condições físicas e emocionais para fazer oposição ao que foi imposto, e acabam por acatar ordens médicas.

A insegurança quanto ao que podem ou não podem fazer no ambiente hospitalar é recorrente. É comum sentirem receio, por exemplo, de se movimentarem no parto vaginal. Elas dizem não se sentirem confortáveis para ficar em outras posições que não a supina:

> Não tinha essa liberdade de posição. Não, pelo contrário, quando elas [outras mulheres com quem dividiu espaços] tentavam se movimentar ou se colocar de uma outra forma, elas foram reprimidas e chamadas a atenção, dizendo que tinha que ser daquele jeito. (Usuária, grupo focal)[157].

Mesmo que os profissionais acreditem deixar as parturientes livres para a movimentação, essa liberdade não é sentida por elas.

A violência psicológica se materializa, principalmente, no acolhimento. Observa-se tal violência quando os profissionais são ríspidos, desrespeitosos ou fazem comentários desconfortáveis: "A médica falou assim: 'Não, você veio de novo? [...] Eu só não vou te mandar embora porque está chovendo' [...]"[158]. Já a violência física tem grande foco nos exames de toque repetitivos e dolorosos:

> Me senti muito desrespeitada quando tive meu filho, me deixavam pelada, sem necessidade; toda hora, vinha uma pessoa diferente pra me tocar, sabe, assim, sem falar nada [...] Não tinha necessidade de me deixarem exposta daquele jeito, sabe, era o meu corpo, minha dignidade[159].

Os toques, exames, observações, são todos permitidos e considerados adequados nesse contexto. A sensação de exposição também é frequente, de maneira que mulheres relatam sobre quartos de hospitais lotados, procedi-

---

[155] Ibidem, p. 6.
[156] Ibidem, p. 7.
[157] NIY et al., 2019, p. 7.
[158] GUIMARÃES; JONAS; AMARAL, 2018, p. 7.
[159] Ibidem, p. 7.

mentos e exames serem feitos sem qualquer privacidade, o corpo e genitais expostos a outros profissionais e outros pacientes presentes no ambiente.

Enquanto algumas intervenções são recebidas pelas parturientes como normais, intrínsecas ao cuidado em saúde, e situações de abuso verbal e desrespeito são aceitas como desconfortos suportáveis, a vergonha da exposição é sempre mencionada como bagagem negativa da maternidade.

No geral, mulheres são maltratadas por uma ciência da saúde de má qualidade, preconceituosa, discriminatória, excludente e obsoleta. É nítida a necessidade de falar sobre ela, identificar os lapsos, abismos, em favor de mudanças assistenciais da obstetrícia e ginecologia.

Capítulo 4

ELIMINAÇÃO DA VIOLÊNCIA OBSTÉTRICA

A atenção atualmente ofertada viola direitos da parturiente, e por isso exige melhorias. Entre os variados motivos pelos quais isso ocorre estão a precariedade na formação profissional, a falta de organização adequada dos serviços, problemas estruturais próprios das instituições de saúde e a falta de práticas baseadas em evidências científicas.

A pesquisa *Percepção dos médicos sobre a Violência Obstétrica na sutil dimensão da relação humana e médico-paciente*, de Maristela Sens e Ana Maria Stamm, já discutida no Capítulo 2, introduz bem os assuntos que seguirão neste capítulo. As pesquisadoras se dedicaram a investigar a percepção dos médicos sobre a violência obstétrica em uma maternidade humanizada no sul do Brasil, e o estudo aponta algumas ações para a prevenção dessas violências.

Três categorias de ação são descritas, sendo elas a educação de pacientes e profissionais, melhorias de infraestrutura do ambiente hospitalar, e a responsabilização de profissionais não médicos. Todos os médicos participantes da pesquisa trazem a educação e a informação de profissionais e pacientes como componente essencial para a transformação do cenário. Eles falam também da importância da adequação da estrutura no quesito de disponibilidade de vagas em maternidades e a qualidade do serviço oferecido pela assistência. Por último, enfatizam a responsabilidade de outros profissionais envolvidos no cuidado, não apenas do médico obstetra, mas os que acompanham as gestantes desde o pré-natal. Para que o serviço de atendimento humanizado se faça presente e atuante, todos os ambientes, serviços e técnicas devem estar adaptados a esse conceito.

Neste capítulo que se segue, apresento ações e sugestões de propostas que visam à erradicação da violência obstétrica.

4.1 Humanização na assistência obstétrica

A violência obstétrica deve ser tratada como problema de saúde pública. Não é apenas agressão de caráter físico e/ou psicológico à parturiente, como é também uma questão que atravessa a esfera da saúde por completo. Um primeiro ponto é a mudança na relação entre pacientes e equipe assistencial para melhorar a forma de atendimento nos hospitais e maternidades. A equipe geralmente mantém certa distância dos pacientes como forma de afirmar autoridade e poder, sendo o uso da violência um dos meios para manter esse distanciamento. Atitudes violentas se tornaram comuns em consequência da falta de responsabilidade das instituições de saúde e da ausência de medidas enérgicas por parte dos gestores quando situações assim acontecem.

Em consequência, a eliminação das formas de violência em saúde se daria via humanização da relação entre pacientes e atendentes. O atendimento humanizado possibilita várias mudanças positivas. Por ele ser focado em proporcionar o bem-estar da parturiente e do bebê, são empregadas formas não invasivas de assistência, a presença de acompanhante é incentivada, e a paciente tem a liberdade de escolher a posição mais confortável de ter seu filho. O modelo humanizado de atenção é uma via de parturição digna, sem violências. O atendimento humanizado é um momento especial de empoderamento e envolvimento total da parturiente com o processo.

Para isso, a equipe de assistência ao parto deve estar em sintonia e ciente quanto ao seu trabalho. A equipe tem o papel de garantir uma experiência de qualidade, tanto para a mulher quanto para o recém-nascido. Ela deve ser preparada para o acolhimento que transmite confiança e que respeite as vontades da parturiente. A humanização do tratamento está justamente na respeitosa troca de saberes entre a mãe e os profissionais, fato que contribui para um momento de satisfação para todos.

A implantação de uma assistência humanizada exige a discussão aprofundada de práticas pautadas em evidências científicas. Outros pontos que devem ser incluídos são a transmissão de confiança e respeito por parte profissional e a garantia que a gestante terá seu acompanhante presente ao longo do processo. As práticas não recomendadas devem ser afastadas do cuidado da gestante.

Atualmente, o modelo cesarista coloca o parto necessariamente ligado à dor, não a do parto em si, mas de intervenções desnecessárias. A prática obstétrica tem se mostrado afastada da produção científica, e isso se confirma na fala do médico obstetra Ricardo Gomes, no documentário *O renascimento do parto*[160]. Como consequência, observa-se o excesso de intervenções em nome de dogmas médicos não comprovados cientificamente.

O que garante atendimento e cuidado humanizados no parto é a prática baseada em evidências. Instaurar a rotina dessas práticas ainda é um desafio, visto a dificuldade de se encontrar pesquisas que demonstrem benefícios ou malefícios de muitos dos procedimentos rotineiros. Desse modo, raramente o saber médico institucionalizado é questionado ou se abre para debates. Ademais, o cenário atual escancara a urgência de capacitação e educação permanente para que o caráter natural e não patológico do parto seja resgatado.

Para mudanças do modelo biomédico predominante na assistência ao parto, a educação em saúde é uma via possível. As ações educativas podem ser inseridas desde o pré-natal até o puerpério, nas práticas de profissionais da assistência e também naquelas voltadas aos pacientes. Para que a implementação de práticas respeitosas e benéficas às gestantes seja efetiva são necessários estudos para avaliação das dificuldades dos profissionais de saúde na eliminação de intervenções rotineiras e a substituição por novas práticas. A intervenção educativa baseada em evidências científicas tem o objetivo de reorientar os profissionais da saúde. Essa sugestão é baseada em uma intervenção feita em hospital-maternidade[161] em que, após implementação de ações educativas em práticas menos invasivas e técnicas não violentas na sala de parto, as taxas de episiotomia caíram.

A liberdade de movimentação no processo de parturição também é uma forma de humanizar o atendimento no cuidado com a gestante. O Ministério da Saúde preconiza a assistência humanizada, centrada na mulher, e sugere a livre movimentação, maior liberdade das gestantes no trabalho de parto e parto. Porém, a divulgação sobre os benefícios da deambulação de parturientes e sobre a livre movimentação no parto, por si só, não tem sido suficiente para que instituições de saúde modifiquem suas práticas. Mesmo com recomendações e pesquisas que apontam os benefícios dessa liberdade, as práticas obstétricas ainda restringem essa conduta.

Existem formas promissoras para que essa liberdade exista, e elas podem ser feitas a partir de adaptações simples na rotina das maternidades. Primeiramente, é interessante a utilização de ferramentas já existentes no

---

[160] Documentário analisado na pesquisa de Gotardo (2018).

[161] SANTOS, R. C. S.; RIESCO, M. L. G. Implementation of care practices to prevent and repair perineal trauma in childbirth. *Rev. gaúch. enferm.*, v. 37, n. esp., 2016. Disponível em: http://www.scielo.br/pdf/rgenf/v37n spe/en_0102-6933-rgenf-1983- 14472016esp68304.pdf. Acesso em: 28 nov. 2018.

ambiente hospitalar como o jardim, o quintal, ou outras áreas de livre circulação, para a deambulação das gestantes. Outro ponto é que os profissionais atendam partos em posições não supinas. Também é importante a distribuição de materiais informativos, confeccionados em diferentes idiomas, com ilustrações e dados úteis sobre o processo de parturição. Para além disso, um serviço de escuta de usuárias pode ser um caminho para mudanças, afinal, conhecer o impacto da livre movimentação e/ou a falta dela a partir da experiência de mulheres na maternidade é indispensável para elaboração de formas de prevenção e consequente eliminação de violências.

O respeito ao plano de parto, e zelo para que ele seja cumprido, é também uma forma de humanizar a assistência. O plano de parto é uma via para que a mulher receba tratamento diferenciado na maternidade, apesar de que todas deveriam ser cuidadas com respeito. Gestantes que conhecem seus direitos e demonstram estarem cientes na elaboração e apresentação de um plano de parto, tendem receber esforço institucional para que esse documento seja cumprido. É visível a existência de uma relação entre o acesso prévio a informações e a atenção respeitosa ao parto; sendo assim, é importante que o plano de parto seja incentivado e respeitado como atitude imprescindível para melhorias nos serviços das maternidades.

Além disso, é interessante que o evento do parto não seja totalmente controlado por mãos médicas. É indispensável o reconhecimento de outros profissionais em cena, como parteiras, obstetrizes, enfermeiras obstétricas e doulas. Há outras formas tão apropriadas de parir quanto a hospitalar, no caso, as casas de parto, a própria residência da gestante, e outros lugares que a mulher se sinta segura. Esses partos podem ser assistidos por profissionais da área, e não por médicos obstetras necessariamente. Alguns países europeus, por exemplo, adotam um modelo em que a profissional que acompanha, encaminha e atua em todo o processo de parturição é a parteira, e esse modelo tem se mostrado extremamente eficiente.

A participação de profissionais da Enfermagem Obstétrica é de grande benefício para a mulher no parto. A formação desses enfermeiros é focada nos aspectos fisiológicos e emocionais das pacientes, de modo que eles são instigados a confiar na fisiologia natural do corpo feminino. Devido a isso, a atuação é pautada em incitar a confiança da mulher na fisiologia natural de seu corpo. Os métodos de alívio da dor são, em maioria, não farmacológicos e pouco intervencionistas, o que mantém o equilíbrio entre as intervenções necessárias e o processo de parturição natural. É uma atuação em prol da proteção da integridade da mulher, que acolhe e transmite confiança e respeito, de modo que permite o exercício da autonomia no parto.

Apesar de o modelo de assistência ao parto ser altamente intervencionista e existirem diversos desafios para sua transformação, a formação acadêmica da enfermagem obstétrica pode contribuir para a capacitação profissional. Ela é essencial para a redução da violência, por ter atuação íntima com os processos naturais do parto. Dessa maneira, pode colaborar com a conduta dos demais profissionais da equipe em perceber, lidar e evitar violências advindas de intervenções desnecessárias e desrespeitosas.

Outro debate necessário para a humanização é o resgate do parto como um evento fisiológico e não patológico. A gravidez é um acontecimento natural, e não deve ser encarada como alerta, preocupação, ou até mesmo como patológica. Ela deve ser vista com alegria, beleza e bênção, afinal, é gerada uma nova vida, e nesse processo a mãe deve ser empoderada física e emocionalmente como um ser capaz. Uma forma de reconstrução da normalidade da gestação é por meio da capacitação e educação permanente da equipe, desde a atenção básica, no pré-natal, ao puerpério. Esse é um modo de reavaliar as práticas, o conhecimento técnico-científico atuante, e de viabilizar a substituição de procedimentos danosos por métodos não farmacológicos, por exemplo, no primeiro estágio do trabalho de parto. Reconhecer o momento como significativo e importante na vida da mulher é algo que deve fazer parte da rotina dos profissionais de saúde, e tanto quanto necessário para o resgate do caráter não patológico do parto.

Existe a possibilidade de uma parturição saudável, sem intervenções desnecessárias e traumas. Para respeitar o processo natural de parturição a ideia é que sejam dadas condições fisiológicas para que o nascimento seja um acontecimento natural, que o bebê esteja pronto para nascer e que a mãe consiga liberar a série de hormônios necessária para isso, afinal, a ocitocina é um hormônio tímido e os protocolos hospitalares são muitos rígidos.

Isso se contrapõe à verdade moderna do parto institucionalizado, visto que é como um "retorno ao primitivo". Mas esse retorno, na verdade, trata-se de uma garantia do direito de escolha das mulheres sobre seus corpos. O ponto principal é o respeito às decisões da mulher. Nesse sentido, para humanizar o parto é essencial que a parturiente protagonize a cena, e, ao mesmo tempo, as práticas obstétricas sejam baseadas em evidências. Desse modo, pode-se abranger o fenômeno integralmente, do ponto de vista mecânico e fisiológico, social, psicológico, cultural e afetivo.

A pesquisa *Discursos sobre la violencia obstétrica en la prensa de países latinoamericanos: cambios y continuidades en el campo de la atención*[162] apresentou argumentos para melhorias na assistência, tanto em defesa da manutenção do modelo atual de assistência quanto para transformação desse modelo, com novos atores, espaços hospitalares e novas tecnologias biomédicas. Veremos um pouco desses discursos. Do ponto de vista médico, o enfrentamento da violência obstétrica se dá por meio do trabalho do profissional da saúde. Isso implica em modificar parâmetros de qualidade de serviço e de ética médica pré-estabelecidas. Outros grupos médicos propõem estratégias de humanização, e ainda atualização e controle da equipe por parte dos médicos. Em contraposição, tem-se o ponto de vista de políticos, burocratas e algumas organizações sociais de mulheres. Segundo tais grupos, o enfrentamento dessa violência se dá a partir do controle da atuação profissional por grupos externos ao meio médico tradicional, como o judiciário. Esse posicionamento foi bastante criticado no meio médico, visto a maneira com que defendem interferências externas no campo da medicina.

Já organizações sociais se posicionam a favor da reconfiguração desse campo. Seria importante introduzir outros atores na cena de parto, como doulas e parteiras, por exemplo, na intenção de inovar a lógica de atendimento dos profissionais hospitalares. Esse posicionamento também pleiteia a abertura de novos espaços para a assistência ao parto, como casas de parto ou a própria residência da gestante. Algumas organizações de mulheres chilenas propõem a transformação das relações de poder.

Também tem as posições discursivas centradas nas mulheres. Tais discursos consideram que o combate à violência na gestação e parto deve centralizar os esforços na recuperação das vozes das mulheres. Nesse sentido, alguns grupos defendem as mulheres enquanto "clientes", as quais devem se sentir satisfeitas diante do serviço oferecido, e por isso o foco deve ser em melhorias para esse nicho mercadológico. Outros grupos entendem as mulheres enquanto "pacientes", as quais se comunicariam melhor com os profissionais caso fossem ouvidas e bem tratadas. Desse modo, o desempenho clínico do profissional seria beneficiado também. No cenário em que mulheres têm voz e são ouvidas, é indispensável que estejam bem informadas para que tomem decisões razoáveis.

A citada pesquisa conclui que, para uma proposta de erradicação da Violência Obstétrica se implementar, é necessário que seja reconhecida a

---

[162] PERDOMO-RUBIO *et al.*, 2019.

dinâmica particular de cada ator envolvido, seus lugares de fala, e assim, suas posições discursivas. Estratégias eficazes podem ser formadas a partir do reconhecimento das potencialidades desses discursos, os distanciamentos e as possíveis alianças de propostas que podem ser formadas.

Outro estudo, *Estrategia para la promoción del buen trato en la atención obstétrica en México*[163], propõe a intervenção e a implementação de um modelo para enfrentar as violências contra as mulheres na atenção ao parto. A construção desse desenho se deu por meio de uma revisão da literatura, na qual foram localizados seis artigos latino-americanos proponentes de intervenções em prol de melhorias na atenção à saúde da gestante. Desse recorte de artigos, cinco foram pesquisas realizadas no Brasil e uma na Argentina. Após a revisão, os recortes metodológicos utilizados foram: a perspectiva de gênero; a violência contra as mulheres baseada no modelo ecológico; a terapia do reencontro; e os modelos humanista e holístico da medicina. A junção dessas perspectivas teóricas embasou um processo de sensibilização centrado na equipe operativa de saúde que atende as parturientes.

A partir disso, elaborou-se uma oficina de 40 horas. Ela é dividida em dois blocos, o primeiro para revisão de aspectos teórico-técnicos da temática, abordando temas de saúde sexual e reprodutiva, bem como os direitos da mulher. Também são abordados aspectos reflexivos sobre a vivência dos profissionais, a escolha da carreira, experiências pessoais e autocuidado. Já o segundo é voltado para troca de experiências entre os colegas de profissão. Essa proposta pretende ser estendida a nível nacional, e foi apresentada ao Centro Nacional de Equidad, Género y Salud Reproductiva (CNEGSR) do México, que sugeriu a realização para o ano de 2019, um ano após a publicação do citado estudo. Essa seria a primeira experiência interventiva do país.

Os autores concluem que é necessário avançar em intervenções para que a violência e o desrespeito na atenção obstétrica sejam erradicados. A violência obstétrica é um problema complexo que requer diversas ações em suas variadas dimensões. Ademais, o modelo de intervenção desenhado é limitado, pois está focado no treinamento e na sensibilização de equipes operacionais, e deve ser ampliado para outros âmbitos do cuidado com a gestante.

Outras menções encontradas sobre possíveis modificações no campo médico para a resolução do problema debatido foram nos estudos *Es rico hacerlos, pero no tenerlos: análisis de la violencia obstétrica durante la atención*

---

[163] VALDEZ-SANTIAGO *et al.*, 2018.

del parto en Colombia[164] e *La violencia obstétrica en la literatura de las ciencias sociales en América Latina*[165]. O primeiro é focado nas condições de trabalho da equipe assistencial, na qual são apontadas violências institucionais que recaem sobre esses profissionais. Nesse contexto, para que o modelo atual se modifique é necessário, de antemão, modificar as condições trabalhistas institucionais. Já o segundo apresenta a busca por modelos assistenciais não hegemônicos que considerem as preferências individuais das parturientes. Apesar das sugestões de modificações, nenhum dos estudos propõe como a pesquisa e a construção dessas intervenções poderiam ser feitas.

4.2 Melhorias na formação profissional

Para que a violência não esteja presente na assistência à gestação e ao parto, é primordial que os profissionais reconheçam condutas violentas como tais. A violência sendo aceita na rotina hospitalar é naturalizada e vista como "necessária ao cuidado", parte do domínio técnico-científico da prática. Assim, zelar para que a formação profissional eduque para a identificação de práticas violentas é um caminho para a melhoria da assistência às gestantes.

Sobre os hospitais de ensino, esses são os locais de maior resistência a mudanças, como já foi discutido no Capítulo 2. Essa é uma situação paradoxal, pois a tecnologia disponível nesses lugares deveria proporcionar as melhores práticas. Apesar disso, esses são os ambientes mais potentes a produzirem mudanças no modo de assistência, uma vez que formam novas gerações de profissionais.

Questionar relações hierárquicas de poder dentro do ambiente hospitalar é um caminho profícuo. Convidar os profissionais a refletir sobre suas posições em relação à hierarquia hospitalar é importante para que eles tenham dimensão dos níveis do impacto que podem causar, por ação ou omissão, na assistência à saúde. Fazer com que os saberes médicos sejam passíveis de contestação é dar abertura à discussão interdisciplinar, o que contribui para a melhoria do exercício profissional dentro dos hospitais.

Incorporar disciplinas de formação da enfermagem obstétrica pode ser útil na formação dos demais profissionais da obstetrícia. Inclusive, devemos considerar a ampliação de discussões sobre um novo modelo de assistência ao parto e ao nascimento fundamentado na prática de enfermeiros obstetras.

---

[164] VALLANA-SALA, 2019.
[165] LAFAURIE-VILLAMIL, 2019.

O QUE É VIOLÊNCIA OBSTÉTRICA?

Os pesquisadores defendem que a formação dessa categoria é importante por incorporar a prática baseada em evidências científicas nas rotinas hospitalares. O cuidado compreende dimensões fisiológicas e subjetivas de maneira integral e respeitosa.

Além disso, a formação profissional e o processo educativo se estendem a ações de educação permanente, e as intervenções educativas em saúde podem reorientar hábitos profissionais de forma bastante eficiente. A equipe de assistência às gestantes é multiprofissional, e por cada um ter obtido um tipo diferente de formação é importante que estejam alinhados em um objetivo comum que é a assistência de qualidade à mãe e ao neonato. Essas intervenções educativas com práticas baseadas em evidências têm sido escolhidas por alguns hospitais, e sua implementação tem surtido bons efeitos, como demonstra um estudo no Hospital da Mulher Mãe-Luzia[166]. Após a implementação de um programa de educação permanente, foi constatada a diminuição de procedimentos violentos de rotina, como a episiotomia, afinal, a prática baseada em evidências científicas é a melhor forma de garantir humanização e segurança na sala de parto.

Por fim, trago a pesquisa de Carmen Diniz[167], médica e importante pesquisadora brasileira na área Materno-Infantil, que explora perspectivas para articulação de mudanças em vários níveis do percurso profissional em saúde. Em primeiro lugar, é sugerida uma análise da violência de gênero dentro dos espaços de formação profissional. Antes de tudo ela precisa ser investigada e extinta. Importante também é o desenvolvimento de pesquisas que abarquem a promoção e a proteção dos direitos da mulher e da paciente. O segundo ponto levantado é sobre o ensino profissional, o qual recomenda-se que seja baseado em evidências, voltado para prevenção de intervenções desnecessárias. A pesquisa também defende o fim do uso de corpos de pacientes como material de ensino.

Nas práticas profissionais devem ser incluídos profissionais não médicos, isto é, aumentar a participação de enfermeiras obstétricas, doulas, e outros profissionais num esforço colaborativo. Ademais, as condutas para o tratamento de dados de pesquisas devem ser ajustadas. São necessárias estratégias para a transparência da prestação de contas, de maneira que revelem os níveis de uso da tecnologia para que o mau uso seja eliminado. Por fim, o estudo sugere a promoção de pesquisas que façam mapeamento de lacunas, tanto das próprias pesquisas quanto do cuidado com as pacientes.

---

[166] *Implementação de práticas assistenciais para prevenção e reparo do trauma perineal no parto* (SANTOS; RIESCO, 2016).

[167] *Disrespect and abuse in childbirth in Brazil: social activism, public policies and providers' training* (DINIZ et al., 2018).

4.3 Incentivo à autonomia da mulher

O processo de institucionalização do parto acarretou em intensa medicalização do processo e dos corpos das mulheres. Geralmente, elas são levadas a compreender os procedimentos nos quais são submetidas enquanto parte essencial da atenção à gestante. A violência contra a mulher nos serviços de saúde está normalizada a ponto de que muitas mulheres não consideram esses tratamentos como violações, de maneira que já é previsto o atendimento ríspido, desrespeitos e os maus-tratos enquanto inerentes ao cuidado. Para que essas práticas nocivas sejam extintas da assistência, o ideal é o retorno da confiança na capacidade fisiológica da mulher.

É fundamental que, na parturição, a mulher tenha confiança em si mesma, e considere seu corpo capaz de viver e trabalhar ativamente nesse processo. Quando uma mulher dá à luz sem ter delegado responsabilidades para outrem, essa mulher se empodera, sua autoestima aumenta. Crianças são muito exigentes, e convocam a força de suas mães. Uma mãe com autoestima elevada tende a transmitir altivez na criação de seus filhos, e um parto satisfatório corrobora para essa construção. Tanto é que é de grande valor para algumas mulheres que sofreram violência no parto, em uma próxima gestação, fazê-lo via natural. Essa é uma maneira de retomada de controle sobre o corpo e recuperação do conhecimento e vivência que havia sido tolhido.

A autonomia deve ser considerada como norteadora e central na promoção de saúde. Sobre isso, o Ministério da Saúde postula que "há necessidade da informação e formação de opinião entre as mulheres, para que elas possam reivindicar aquilo que seja mais benéfico para a sua saúde e a de seus filhos"[168]. Caso essa autonomia seja restringida, existe um risco elementar de agravos e patologias, acarretando numa regressão estrutural no nível de saúde.

O Ministério da Saúde tem o papel de reger normativas para que a assistência à gestante seja feita de forma integral ao longo de todo o ciclo gravídico-puerperal. Ele traz a educação em saúde como alternativa que favorece a assistência de qualidade. Isso porque uma parturiente pouco informada é também pouco autônoma quanto às tomadas de decisões, e a dificuldade de acesso a informações expõe mulheres a processos de violência no parto. Portanto, uma ferramenta importante para a retomada da autonomia

---

[168] BRASIL, 2001, p. 35.

é a informação, e a partir dela é dada a possibilidade do empoderamento de seus corpos e de suas vontades.

O tratamento respeitoso no cuidado também estimula a participação ativa da gestante, consequentemente, sua autoconfiança. O cuidado é uma via de retomada, ou de desenvolvimento da autonomia, e deve ser visto como um exercício a ser trabalhado nas diversas fases do ciclo. No pré-natal, as pacientes devem receber informações suficientes para tomar decisões compatíveis com suas situações de saúde, de modo que sejam participativas quanto às condutas adotadas. Importante também que recebam indicações para elaboração do Plano de Parto, visto que é um documento enunciador de suas vontades. Ele oportuniza o tratamento adequado para as parturientes, evitando a naturalização de imposições e intervenções não consensuais.

Ao longo do trabalho de parto, é necessário informar as parturientes antes de qualquer exame ou intervenção e solicitar sua permissão, assim como evitar qualquer julgamento moral que interfira no tratamento ofe-recido, seja por idade, classe social, quantidade de filhos, crenças, etnia, estado civil, entre outros. Importante que a presença dos acompanhantes também seja garantida durante todo esse processo. Já no trabalho de parto, os profissionais devem trabalhar em prol da fisiologia, respeitando a indi-vidualidade de cada corpo materno. Adaptar o cuidado a quem está dando à luz, ao invés de priorizar protocolos institucionais, é a conduta correta para tratamento digno, assim como facilitar e garantir o vínculo entre mãe e bebê(s) imediatamente após o nascimento, em caso de ambos apresenta-rem boas condições de saúde. E isso é possível após a cesariana também, não apenas após o parto vaginal. Complementarmente, mulheres se sentem mais autônomas com a presença de seu acompanhante, e, sendo assim, os profissionais devem garantir esse evento.

Apesar dessas prescrições, a pesquisa *Um corte na alma: como parturientes e doulas significam a violência obstétrica que experienciam*[169] demonstra que o fato de as parturientes receberem informações ao longo da gestação não foi suficiente para que não sofressem violência no parto. É comum que gestantes informadas tenham ânsia pela liberdade de decisão e sofram retaliações por se posicionarem a respeito de determinados procedimentos e condutas. No cenário em que a informação deveria garantir direitos, pode-se também ser palco para a instrumentalização da violência. No entanto, as pesquisadoras acreditam que a união de esforços para a formação dos futuros profissionais

---

[169] SAMPAIO; TAVARES; HERCULANO, 2019.

seja uma via de transformação do modelo assistencial. Importante vislumbrar o tratamento respeitoso e humanizado independentemente do nível de informação das pacientes.

Minha aposta para futuras intervenções que objetivam o fim da violência obstétrica é que devem trabalhar, principalmente, com os direitos reprodutivos das mulheres. Não basta apenas focar em questões que afetem a satisfação no atendimento e no parto em maternidades. Deve-se também debater amplamente a formação, preparo e atuação dos profissionais, recursos materiais a serem incorporados e a transmissão de informações aos pacientes, pois todas essas ações culminam em formas de retomada de autonomia.

4.4 Ações de gestores da saúde

Ações e posicionamentos de órgãos de gestão e regulamentação da saúde são extremamente importantes para a extinção da violência obstétrica. A começar no que se refere às condições de trabalho dos profissionais da saúde. A equipe de assistência é sim observada como perpetradores de atos violentos, mas não é com eles que se originou esse formato assistencial. Por isso, as condições de trabalho devem ser revisadas. É necessário analisar a carga horária dos profissionais da saúde, uma vez que o trabalho requer paciência, descanso e tranquilidade. Em contextos em que profissionais estão estafados, com salas de parto cheias, altas demandas, a resposta ao trabalho evidentemente será de baixa qualidade. Além disso, mudanças estruturais na educação são necessárias para que se desenvolva um novo habitus médico menos autoritário. É primordial que se trabalhe, primeiro, com a equipe médica para a mudança da assistência, voltando os esforços para o fortalecimento da formação ética dessa categoria.

Deve também ser pensada a construção de uma cidadania reprodutiva[170] e uma transformação na relação médico-paciente. A violência obstétrica não é apenas um problema na qualidade da atenção, como também um epifenômeno de ordem social relacionada a violações dos direitos reprodutivos da mulher. Ela deve ser tratada como um objeto de estudo construído com enfoque de gênero e direitos, apoiado em conceitos sociológicos (como o habitus médico) dentro desse campo médico de atuação. Nesse sentido, cidadania reprodutiva significa a capacidade de exercer, apropriar e defender seus direitos sexuais e reprodutivos, e deve ser um conceito construído, esta-

---

[170] LAFAURIE-VILLAMIL *et al.*, 2019.

belecido e perpetuado por órgãos e estabelecimentos de saúde. As mulheres, apropriadas de suas capacidades reprodutivas, garantem condições de viver a sexualidade livremente, num exercício de cidadania. O papel da gestão em saúde é elaborar estratégias para que essa concepção seja implementada na formação e atuação dos profissionais.

É indispensável também evidenciar as iniquidades entre populações atendidas pelo SUS. Mulheres negras brasileiras vivem sob o impacto dos determinantes produzidos por movimentos históricos, uma vez que a população negra sofre o reflexo de violências estruturais determinadas por Leis e pelo próprio processo de escravização. Isso acarreta em exclusões sociais e econômicas, visto as menores possibilidades de poder aquisitivo, nível de escolaridade e a dificuldade para o acesso a bens e serviços. Essas são as condições sociais em que vive uma parcela das mulheres negras, sob vulnerabilidade produzida por uma sociedade desigual.

Nesse sentido, a redução da vulnerabilidade depende de um conjunto de ações para melhoria desses determinantes e condicionantes em saúde. É necessário que sejam formuladas e implementadas políticas públicas que, por exemplo, privilegiem a igualdade racial e a transferência de renda. Cabe às políticas públicas intersetoriais interferir na determinação social, auxiliando no acesso à educação e na melhoria das condições de vida para que as vulnerabilidades sejam atenuadas. Em questões específicas da saúde da mulher e da gestante, é importante a assistência diferenciada, com acompanhamento constante e detalhado. Uma forma de atenção detalhada é não apenas em consultas médicas, mas acompanhamento também de agentes comunitários em visitas domiciliares. Essa equipe pode ser formada por profissionais que saibam identificar precocemente os níveis de vulnerabilidade, para que assim as desigualdades que existem no cotidiano dos serviços de saúde sejam reduzidas. As pesquisadoras concluíram que o estudo sobre vulnerabilidades é necessário para que gestores, profissionais da saúde e demais pesquisadores tenham conhecimento das iniquidades entre as populações atendidas no SUS.

Alguns atores políticos, burocratas e organizações sociais de mulheres defendem medidas judiciais mais severas como punição para casos de violência em maternidades. Esse posicionamento é criticado pela categoria médica, com argumentos de que, a partir disso, é praticada a "medicina defensiva"[171] e isso é prejudicial no cuidado dos pacientes.

---

[171] Citada no Capítulo 2.

Porém, mesmo com críticas, medidas judiciais são importantes para a garantia de direitos. No Brasil, temos a Lei do Acompanhante (n.º 11.108/2005) e a Lei de Garantia de Vagas (n.º 11.634/2007), que são determinantes para o atendimento humanizado e de qualidade e devem ser respeitadas sob qualquer circunstância. Ademais, a atenuação da violência nas maternidades pode ser viável por meio de denúncias. Os canais ativos para manifestações e denúncias atualmente são o "Disque Saúde 136"[172] e o "Ligue 180"[173]. Qualquer violação institucional e obstétrica carece ser denunciada, e para que ocorram tais denúncias, faz-se necessária a criação de formas seguras e consistentes para acolhê-las, e caminhos eficientes para serem levadas a termo.

---

[172] Canal de denúncia que tem por objetivo a melhoria da qualidade dos serviços de saúde prestados pelo SUS.

[173] Central de atendimento da Mulher, que tem por objetivo o enfrentamento à violência contra a mulher.

PARA CONCLUIR

Analisando o percurso de pesquisa, iniciei o estudo com intenção de identificar e conceituar o que é Violência Obstétrica. Adentrei num fenômeno complexo de muitas facetas e intersecção em diversas áreas. Além da conceituação, também encontrei hipóteses com origens e causas, e modelos para a eliminação da violência nas maternidades.

Trabalhei com algumas definições de violência. Dentre elas destaca-se a de Marilena Chauí acerca da violência como ação de um ser humano que coloca o outro como coisa, e não como sujeito. A autora amplia o conceito implicando hierarquias sociais em relação direta com a violência, uma vez que o outro, ao ser tratado como coisa, destina-se à posição de inércia, passividade e silêncio, tendo seus atos e falas impedidos ou anulados. Dessa forma, a dominação é o objetivo da violência.

Para conceituar a Violência Obstétrica, fiz um apanhado histórico para entender como se deu sua construção. Ao longo dos anos, movimentações sociais em prol dos direitos da mulher mobilizaram órgãos oficiais a promoverem eventos que debatessem o tema. Essas movimentações foram feitas principalmente por mulheres que denunciaram as formas de tratamento recebidas em seus processos sexuais e reprodutivos, principalmente nos momentos de parto. Nos anos 1990, a OMS propagou definições de violência contra a mulher de forma ampliada ao aspecto físico, abrangendo ações de privação arbitrária de liberdade que resultem em sofrimento físico, sexual ou psicológico. Mais tarde, em 2014, a mesma organização publicou um documento com menções explícitas à violência contra a mulher nos serviços de saúde. Mais recentemente, em 2019, a ONU reconheceu a Violência Obstétrica como institucionalizada e normalizada nos serviços de saúde.

Passando ao contexto da América Latina, movimentos sociais colocaram em circulação o assunto da violência contra a mulher nos serviços de saúde a partir dos anos 2000. Assim, surgiram tipificações em leis. Começando pela Venezuela (2007), na sequência a Argentina, Panamá e México. As normativas postulam essa violência enquanto expressões de tratamento desumanizado, patologização e medicalização dos processos naturais e reprodutivos das mulheres. Isso inclui a apropriação dos corpos das gestantes pelos profissionais de saúde, de modo que elas percam a autonomia e a capacidade de decidir livremente a respeito dos procedimentos e condutas adotados.

Para ampliar essa definição, destaco outros tipos de violência que compõem a obstétrica. São elas a violência simbólica, institucional, física, psicológica, e de gênero. Nessa perspectiva, a Violência Obstétrica é uma intersecção de vários tipos de violência manifestas em tratamentos e imposições de condutas protocolares realizadas dentro do ambiente hospitalar, desempenhadas direta ou indiretamente pela equipe de saúde e pelos gestores institucionais, as quais afetam negativamente a paciente na gestação, no parto e no puerpério em níveis biológicos e psicológicos de saúde.

Essas movimentações e tipificações refletem longas lutas e buscas por espaços políticos que são tolhidos das mulheres. Para um país em que uma a cada quatro mulheres recebe tratamento violento no parto, e quanto mais escura, jovem e pobre for a paciente, maior a probabilidade de ser vítima, não se vê muitas ações ou leis federais específicas que preveem e protegem as mulheres contra violências nas maternidades. Um passo importante para a identificação desse fenômeno social foi o reconhecimento da Violência Obstétrica pela Defensoria Pública do Estado de São Paulo, e mais recentemente a tipificação em lei em alguns estados brasileiros, sendo eles Santa Catarina, Rondônia, Paraná e Rio de Janeiro.

Observando o modelo assistencial brasileiro, são necessárias mudanças profundas para que o parto seja um evento respeitoso. A conjuntura atende muito bem aos interesses institucionais, mas não às necessidades biopsicossociais das pacientes. A própria lógica de saúde está baseada em relações hierárquicas, nas quais o saber médico ocupa o topo dessa pirâmide.

Apoiada nos conceitos atuais da Violência Obstétrica, interessou-me também entender as origens desse modelo assistencial permeado por violências. Diante de alguns caminhos que se abriram, destacou-se a biopolítica populacional e o modo no qual a medicina se apropriou da vida. A ascensão do capitalismo, no final do século XVIII, socializou o corpo enquanto força de produção e de trabalho, e a medicina passou a ser utilizada estrategicamente como tecnologia regulamentadora. Fez-se necessário o controle populacional, ou seja, nascimentos, óbitos, fecundidade e longevidade precisavam de normatizações para que uma mão de obra satisfatória ao sistema econômico se conservasse. A medicina se elevou a mecanismo de regulamentação dos espaços públicos e privados na intenção que fossem higienizados, normalizados e normatizados.

A partir disso, o papel social da mulher promovido foi o de agenciadora familiar, equivalente a boa esposa, dona de casa e mãe de família.

A maternidade agora era função da mulher, com papel de gerar, educar e guiar crianças a um futuro promissor, garantindo também o futuro da nação. Essa imagem de mulher, promovida a partir de ideias iluministas, representava a submissão, a passividade e a pureza. À medicina interessava que fossem mantidas essas características, somadas ao corpo dessexualizado, que compunham os paradigmas da medicina sanitarista para a medicalização e higienização social.

E assim o médico tornou-se o tutor da família burguesa, do lar, e sustentado pelo saber científico, moralizou e se apropriou dos processos vitais dos corpos femininos, objetificou, produziu discursos e condutas a serem aplicados e seguidos. A domesticação do corpo da mulher foi estrategicamente organizada para o controle reprodutivo e populacional. Sob essa perspectiva, as situações de violência vividas pelas gestantes são heranças da conduta disciplinar da sociedade do século XIX.

A questão que surge a partir disso é se ainda podemos considerar a biopolítica e o controle populacional como cerne das violências sofridas nas maternidades. De fato, existe a transmissão histórica da moral e de papéis sociais, é inegável que a função de mulher do início século XIX reverbera até a contemporaneidade. No quesito de saúde, as inovações obstétricas potencializaram gestações, parto e cuidados aos recém-nascidos, e também confiscaram o ciclo reprodutivo à instituição médica. Mas, para além do biopoder, indagamos o que mais poderia influenciar e fomentar a violência obstétrica. E ainda, a função biológica reprodutora já foi utilizada ao longo da história como motivo de opressão de gênero para controle populacional. Contestamos se ainda hoje é necessária essa estratégia de controle, já que agora compreendemos funções biológicas de forma ampliada e não mais restrita. Nesse sentido, é de se indagar se a lente da biopolítica ainda é válida para analisar o fenômeno da violência na atenção à gestante como mecanismo de controle e opressão para formação de corpos dóceis.

Discuto também a hipótese de que a violência obstétrica tem origem na formação médica. A partir do ensino oferecido nos hospitais-escola, identifiquei a construção do habitus médico, que não está explicitamente no currículo, mas é transmitido aos estudantes de maneira informal. A hierarquia hospitalar é um dos componentes desse habitus, notável na desigualdade de poderes dos atores envolvidos, posicionando os médicos no topo da ordem social e convocando os pacientes para a base. Os professores se portam desumanizando pacientes, logo, os alunos perpetuam essa cultura.

Diante da hierarquia médica, as pacientes são colocadas como objeto da medicina. As possibilidades de expressão, decisão, autonomia, enfim, a subjetividade das gestantes é anulada. O poder de decisão restrito à equipe médica é uma das causas da violência obstétrica, visto que os corpos ficam à mercê dessas decisões, sem grandes possibilidades de manifestações. Nessa relação de desigualdade, as gestantes são colocadas em posição de subordinação, e os médicos se tornam atores principais no processo de gestação e parto, invertendo a lógica de protagonismo.

Quando questionados, os profissionais da medicina se entendem, na verdade, como principais vítimas da violência. Eles citam que a atividade profissional os coloca frente a grandes responsabilidades e decisões a serem feitas sem qualquer respaldo institucional. Dessa forma, colocam-se como vítimas dessa estrutura, apontando também a precariedade por vezes encontrada em seus ambientes de trabalho. Esses argumentos são questionáveis. Retomando o conceito de violência, na qual a posição hierárquica dita o nível de dominação, dentro da hierarquia hospitalar o médico quem é o detentor do poder em relação aos pacientes. Esse fato impossibilita a inversão dos papéis, visto que médicos têm níveis de prestígio e poder de escolha superior aos demais atores em cena. Em relações hierárquicas, por mais que uns dependam dos outros, a vantagem sempre está com o grupo que detém o poder[174], no caso, com os médicos. Mesmo que trabalhem em um sistema precário, estão equivocados ao se localizarem enquanto verdadeiras vítimas de violência na situação obstétrica.

Trago também a Violência Obstétrica como um produto ideológico. A medicalização do parto surgiu, entre outros motivos, para economizar tempo e auxiliar na previsibilidade do processo. O aumento exponencial de cesarianas dos últimos anos deixa evidente que questões econômicas estão atreladas às formas de nascer. Isso acontece porque o sistema político e econômico segue lógicas neoliberais de mercado, e transfere essas lógicas para outras esferas, como a assistência à saúde. Sendo assim, os partos são organizados como linha de produção, as parturientes são objetos de intervenções protocolares e estandardizadas, os gastos e o tempo do processo se reduzem para o aumento do lucro, e assim a assistência ao parto é um evento mercadológico, extensão do modelo tecnocrático e industrial.

Aponto que, em alguns estudos e em diversos relatos de mulheres, não foram identificadas queixas quanto ao padrão de atendimento rece-

---

[174]   DE BEAUVOIR, 2014.

bido nas maternidades. Existe uma aceitação das mulheres em relação aos maus-tratos. Aqui coloco uma hipótese para reflexão. No cenário em que o atendimento nos hospitais, em geral, é desrespeitoso, desconfortável, por vezes humilhante e violento, esse é o parâmetro que as pacientes têm, o qual é passado inclusive de geração em geração. Se esse é o comum, as mulheres não conseguem identificar e distinguir uma assistência violenta de uma respeitosa. Desse modo, temos indícios dos motivos pelos quais as mulheres não relacionam os tratamentos recebidos à violação de direitos.

Ademais, existe maior vulnerabilidade de certas populações atendidas, como é o caso de mulheres pretas e pardas. Fatores socioeconômicas herdados de conjunturas históricas interferem diretamente nas condições de saúde e de doença dessa população. Atualmente, essas mulheres possuem acesso desigual à saúde, a informações em saúde e ao planejamento familiar. Chamo atenção para o fato de que os estudos focados na saúde de mulheres pretas e pardas são escassos e desproporcionais à quantidade de usuárias dos serviços. Essa escassez confirma a exclusão social desse grupo cerceado pelo racismo e por vulnerabilidades sociais. Diante disso, aponto a necessidade de pesquisas serem conduzidas no intuito de abranger ações em prol de melhorias do serviço de saúde para essas populações.

Os casos em que as violências são nitidamente visíveis estão nos hospitais-maternidade. A experiência de parto pode ser vista acontecendo, majoritariamente, quase como assaltos cirúrgicos aos genitais, mesmo tendo por desfecho a cirurgia transabdominal. Por intervenções me refiro às cesarianas eletivas, episiotomias, amniotomias, manobras de parto contraindicadas, entre outras, que poderiam ser evitadas por não existir evidências de sua necessidade. O parto e o nascimento sofreram mudanças ao longo do tempo, e de evento fisiológico natural eles passaram a eventos remediados e repletos de intervenções que não contribuem propriamente para a saúde da parturiente e do bebê. Devido às altas taxas de intervenções e à grande quantidade de queixas de gestantes, fez-se fundamental a investigação de contextos hospitalares. Saliento que a violência obstétrica não tem sua origem nas maternidades, apesar de ser o lugar onde ela principalmente acontece. Os hospitais são locais onde a violência se manifesta, mas ela se forma em momentos anteriores.

Além dos já citados, outros hábitos hospitalares também são passíveis de questionamento. A posição litotômica é um exemplo de prática sem embasamento científico, e mesmo assim é a mais utilizada nos partos vaginais. Essa posição é comprovadamente antifisiológica e dolorosa para as parturientes, e por outras posições não serem oportunizadas e apresentadas a elas, constatamos que ela é preferência da equipe de assistência, e não das gestantes. Assim como essa, a maioria das condutas e intervenções são feitas sem a ciência e a permissão da paciente. A falta de comunicação recorrente nos atendimentos, da equipe para com as pacientes, traz implicações maléficas.

Sobre as preferências de parto, é notável que muitas mulheres escolhem a cesariana por acreditarem ser a maneira mais respeitosa de dar à luz. O trabalho de parto e o parto vaginal são frequentemente associados a tratamentos desrespeitosos e humilhantes, portanto, as parturientes optam por cesarianas eletivas para evitar uma experiência ruim. Mas não é apenas por essa crença que o Brasil é campeão em taxas de cesarianas. Questões econômicas perpassam o parto cirúrgico, tanto é que ele é indicado sem evidências científicas que comprovem sua necessidade, bem como é apresentado, na maioria das vezes, como única opção à parturiente. Grande parte das mulheres que almejam o parto natural são surpreendidas e coibidas a aceitarem a cesariana como indicação médica.

A respeito da percepção de profissionais de saúde sobre o serviço desempenhado na assistência obstétrica, as enfermeiras obstétricas, profissionais que mais têm contato com as mulheres do pré-natal ao pós-parto, possuem visão ampliada sobre o tema. Elas reconhecem as violências nas formas de agressões físicas, verbais e psicológicas, bem como o desrespeito à autonomia da parturiente, as negligências diversas e exames sucessivos de toques. Um ponto interessante levantado pela categoria é em relação ao nível de escolaridade das mulheres. Elas pontuam que quanto menor o nível de escolaridade, mais chances de a mulher sofrer agressões na maternidade. Nesse sentido, o processo educativo e informativo auxilia no reconhecimento de direitos e prevenção de violências.

Já os médicos não partilham da mesma visão das enfermeiras. No geral, eles acreditam que as parturientes são incapazes de decidir sobre seus corpos e seus filhos, e mesmo que busquem por informações e autonomia, os questionamentos recebidos são sentidos pelos profissionais como provocações. Notamos que quanto mais a gestante se mostrar colaborativa e acatar as indicações médicas, mais seu tratamento será respeitoso. É interessante que os médicos em nenhum momento reconhecem que a assistência obstétrica prestada tem elementos de violência.

O que é inquestionável e recorrente nas falas das mulheres é a relação interpessoal entre elas e os membros da equipe. Elas mencionam a falta de explicações sobre seus estados de saúde e as intervenções injustificadas às quais são expostas. Também é relatada sensação de medo, fragilidade e incapacidade. As mulheres insistem que é de grande relevância o tratamento recebido, e que a relação com a equipe profissional é quem dita se a experiência de parto foi boa ou não.

A análise do material teórico também possibilitou propostas de erradicação da violência obstétrica. Nesses termos, elenco quatro frentes de ações: a humanização da assistência; melhorias na formação dos profissionais de saúde; a retomada da autonomia da mulher e gestante; e, por fim, possibilidades de atuação dos gestores de saúde.

A humanização da assistência diz respeito primeiramente à mudança na relação entre pacientes e equipe assistencial. Isso diz de formas não invasivas de cuidado, a prática baseada em evidências científicas, a troca respeitosa de saberes entre mães e profissionais, o planejamento de ações educativas em saúde para as gestantes desde o pré-natal. É importante também que outros profissionais sejam admitidos na cena de parto, como doulas, parteiras e enfermeiras obstétricas, uma vez que a atuação de profissionais não médicos no processo é associada a menores taxas de intervenções desnecessárias. Por humanização, refiro-me ao resgate do parto como evento fisiológico natural, de modo que com respeito ao processo, as intervenções sejam encaradas como alternativas eventuais e não essenciais.

A segunda frente de ação se dirige à formação dos profissionais de saúde. Os hospitais de ensino são ambientes de extrema importância na composição de novas gerações de profissionais, e por isso têm potencial para produzir mudanças. Nesse sentido, é importante levar as práticas de humanização para a formação dos profissionais médicos e não médicos. A incorporação de disciplinas de enfermagem obstétrica na grade curricular dos demais profissionais é uma maneira viável, dado que essa categoria profissional se pauta na prática baseada em evidências científicas somadas ao respeito à fisiologia natural do parto. Ademais, a formação se estende a ações de educação permanente, essencial na reorientação de práticas profissionais, que devem se fazer presente nas rotinas de trabalho. Para tanto, é exigido que os órgãos governamentais, profissionais e instituições de ensino se articulem na modificação da grade curricular dos cursos da área da saúde.

A retomada da autonomia da mulher e gestante é a terceira frente de ação. A violência contra a mulher em serviços de saúde, de maneira geral, é bastante normalizada a ponto de as próprias pacientes não perceberem as violações vividas. O fato de a mulher não se perceber enquanto vítima de violência não significa que ela não viveu ou vive situações violentas. Tal fato diz, sim, sobre uma cultura e uma condição nas quais pacientes têm seu poder e capacidade de identificar situações hostis que vivenciam retirados. A centralização do poder no médico contribui para que práticas dolorosas não sejam percebidas como violências, porém o discurso das parturientes traz incontestáveis indícios de que a assistência é danosa à saúde, e em algum nível elas sabem disso.

A mulher é colocada em lugar de objeto da medicina, da ginecologia e obstetrícia nesses casos. Dado o modelo econômico e assistencial, o objeto se dá no sentido mercadológico, e assim sendo, a gestante é dissociada de sua subjetividade, destituída do protagonismo do acontecimento, e recebe ações passivamente. A atenção é fragmentada e a parturiente exerce seu direito de participação se abstendo de opinar, ficando à mercê de decisões médicas. Existem muitas evidências de que tomar as parturientes como objetos de ação está na base do fracasso na produção de ações efetivas para a saúde. Se falamos de produção de saúde pública, voltada às usuárias, elas devem estar implicadas na construção desse projeto e participar ativamente.

Nesse sentido, o incentivo à autonomia da mulher é ponto imprescindível para a eliminação da violência nas maternidades. A experiência de parturição convoca o corpo e todo o aparato simbólico da gestante para aquele momento, e é fundamental que a mulher tenha confiança em si mesma e acredite em sua capacidade de viver e trabalhar ativamente. Existem riscos de agravos, desdobramentos patológicos e regressões em níveis de saúde nos casos de autonomias restringidas. Nesses termos, sinalizo a importância da retomada da posição de sujeito frente às ações médicas.

Na realidade assistencial marcada pelo organicismo, impessoalidade e distância entre pacientes e equipe, faltam ações que encarem a dimensão psíquica do sujeito, e não apenas a função biológica ou um pedaço do corpo. Recuperar o protagonismo da cena de parto é, talvez, a mais importante das alternativas para a erradicação da violência obstétrica, em razão de que implica a gestante no processo para que ela participe, decida e vivencie a experiência plena como sujeito ativo na produção de sua saúde e bem-estar.

É evidente que não estamos falando da autonomia em momentos de complicações graves. Os arranjos hegemônicos são necessários em certas situações de gravidade acentuada, quando problemas biológicos exigem medidas e cuidados rigorosos para recuperação da saúde. Em casos assim, as pacientes são levadas a abrir mão de certos níveis de autonomia. Porém, essa conduta, que deveria ser aplicada na minoria dos casos, estende-se para a maioria. Esse arranjo, além de desnecessário, prejudica a produção de saúde das parturientes.

Em vista disso, a Psicologia pode contribuir para a construção de intervenções em saúde, tanto para o fomento à autonomia da gestante quanto para que a gestação e o parto sejam experiências mais satisfatórias e dignas. A gestação é permeada por fatores psicológicos que exigem tanto cuidado psicológico quanto do corpo físico, mas o modelo atual de assistência é focado em ações sobre os aspectos biológicos e desconsidera outros muitos elementos em questão. Essa busca por problemas biológicos acarreta em centrar a atenção em procedimentos e numa escuta profissional empobrecida, logo, a dimensão cuidadora do modelo está reduzida em seu potencial. Nesse sentido, a psicologia inserida no cotidiano dos trabalhadores da saúde enriquece e promove a escuta de aspectos para além dos biológicos, e implica os profissionais na compreensão da complexidade da vida e na produção de saúde dos usuários.

Por fim, a última frente de ação é uma possibilidade para gestores de saúde, e crucial para que os outros pontos levantados e trabalhados aqui se efetuem. De saída, a violência obstétrica deve ser tratada como um fenômeno social de violações de direitos humanos e reprodutivos da mulher, e não apenas um problema na qualidade da atenção à saúde. São vários pontos envolvidos que se inter-relacionam no campo médico de atuação, como questões culturais, sistema político e econômico, questões de gênero e hierarquias sociais. As ações em saúde para a eliminação da violência nas maternidades devem ter esse constructo como plano de fundo.

Alguns autores defendem que medidas judiciais mais severas são necessárias nos casos de violência nas maternidades, os quais continuam a existir principalmente pela impunidade dos profissionais e gestores. Devemos, contudo, discutir isso com cautela. Apesar de leis garantirem direitos, e medidas judiciais se fazerem importantes, os caminhos para as denúncias ainda são tortuosos, de modo que nada assegura que denúncias serão aceitas, protocoladas, e investigações levadas adiante num processo criminal.

Questiono se o método mais eficaz de mudança de cenário e eliminação da violência na assistência obstétrica é pela punição individual dos profissionais. Temos indícios de que a possibilidade de denúncia faz, na verdade, os médicos agirem de formas obscuras pela medicina defensiva. As rotinas hospitalares apresentam a violência de maneira bastante visível, porém as violências não se constroem nesse lócus. A violência obstétrica é um fenômeno social de múltiplas origens e causas que se constrói nos bastidores da assistência à gestante. A punição individual dos profissionais talvez não a erradique, devido à equipe ser o meio e não a causa da violência. Medidas punitivas podem auxiliar, em última instância, mas não devem ser a primeira nem principal ferramenta a ser acionada para resolver o problema. Um caminho válido para enfrentamento da problemática é a responsabilização coletiva, focalizada nos órgãos representativos das categorias profissionais envolvidas diretamente na assistência à saúde da mulher. Sendo eles os organizadores e reguladores das práticas, cabe a eles também a responsabilidade do exercício profissional.

Para finalizar, arrisco uma estratégia. Coloquei quatro possíveis formas de repensar o cuidado à gestante, parto e nascimento, cada qual abrangendo uma área do cuidado, tanto com as mulheres quanto com a equipe assistencial. Se unidas, essas categorias podem formar uma estratégia para a resolução do problema. Teríamos a humanização do cuidado à gestante e a frente de mudanças na formação dos profissionais de saúde, com gestão e coordenação dos órgãos representativos dessas áreas. O ponto central e o foco da estratégia são a retomada da autonomia da gestante frente aos seus processos reprodutivos.

Essa é uma resolução que implica grandes mudanças, inversão de papéis e desafios extraordinários. Devido a isso, há necessidade de novos estudos para avaliar maneiras concretas de colocar essas estratégias em prática. Para que o cenário se modifique, e tenhamos um vislumbre de formas mais respeitosas de parturição e nascimento, um futuro em que as necessidades das usuárias ocupem lugar central precisa ser pensado e projetado.

REFERÊNCIAS

AGUIAR, J. M.; D'OLIVEIRA, A. F. P. L.; SCHAIBER, L. B. Violência institucional, autoridade médica e poder nas maternidades sob a ótica dos profissionais de saúde [Institutional violence, medical authority, and power relations in maternity hospitals from the perspective of health workers]. *Cad Saúde Pública*, v. 29, p. 2287-2296, 2013. Disponível em: http://www.scielo.br/scielo.php?script=sci_arttext&pid=S0102-311X2013001100015&lng=en&nrm=iso&tlng=pt. Acesso em: 29 jun. 2022.

AGUIAR, J. M; D'OLIVEIRA, A. F. P. L. *Violência institucional em maternidades públicas:* hostilidade ao invés de acolhimento como uma questão de gênero. São Paulo: Universidade de São Paulo, 2010.

ANDREZZO, H. F. A. *O desafio do direito à autonomia:* uma experiência de Plano de Parto no SUS. Tese (Doutorado em Saúde) – Universidade de São Paulo, 2016.

ARGENTINA. *Lei n. 23.485, de 11 de março de 2009.* Ley de proteccion integral a las mujeres. Información Legislativa, 1 de abril de 2009.

ARGUEDAS, G. La violencia obstétrica: propuesta conceptual a partir de la experiencia costarricense. *Cuadernos Intercambio sobre Centroamérica y el Caribe*, v. 11, n. 1, p. 145-69, 2014. Disponível em: https://revistas. ucr.ac.cr/index.php/intercambio/article/view/14238. Acesso em: 1 jun. 2022.

ARMENDRO, N. Fórceps ou vácuo extrator? Entenda quando é necessário usar cada uma dessas ferramentas no parto. *Revista Crescer*, set. 2021. Disponível em: https://revistacrescer.globo.com/Gravidez/noticia/2021/09/forceps-ou-vacuo-extrator-entenda-quando-e-necessario-usar-cada-uma-dessas-ferramentas-no-parto.html. Acesso em: 16 jun. 2022.

AYRES, J. R. C. M.; FRANÇA, I. J.; CALAZANS, G. J.; SALETTI, H. C. F. O Conceito de Vulnerabilidade e as Práticas de Saúde: novas perspectivas e desafios. *In:* CZERESNIA, D.; FREITAS, C. M. (org.). *Promoção da Saúde:* conceitos, reflexões, tendências. Rio de Janeiro: Fiocruz, 2003. p. 117-139.

BELLAMY, C. Violencia institucional y violación del derecho a la salud: Elementos para repensar la exigibilidad del derecho a la salud en el México actual. *Revista Latinoamericana de Derechos Humanos*, v. 30, n. 2, 2019.

BELLI, LF. La violencia obstétrica: otra forma de violación a los derechos humanos. *Revista Redbioética*, Unesco, v. 4, n. 7, p. 25-34, 2013. Disponível em: https://ri.conicet. gov.ar/handle/11336/12868. Acesso em: 1 jun. 2022.

BOLIVIA. *Ley de Protección Integral*. 2013.

BONFIM, J. O. *et al.* Práticas de cuidado de parteiras e mulheres quilombolas à luz da antropologia interpretativa. *Revista Brasileira em Promoção da Saúde*, v. 31, n. 3, 2018.

BORGES, M. T. R. A violent birth: reframing coerced procedures during childbirth as obstetric violence. *Duke LJ*, v. 67, p. 827, 2017.

BOURDIEU, P; WACQUANT, Loïc J. D. *La violence symbolique*. De l'égalité entre les sexes, p. 169-81, 1995.

BRASIL. Ministério da Saúde Secretaria de Ciência, Tecnologia e Insumos Estratégicos. *Diretrizes de Atenção à Gestante:* a operação cesariana. Brasília, 2015. 106 p.

BRASIL. Ministério da Saúde. *Diretrizes de Atenção à Gestante*: a operação cesariana. Brasília – DF, mar. 2016. 106 p.

BRASIL. Ministério da Saúde. *Parto, Aborto e Puerpério*: assistência humanizada à mulher. Brasília – DF, 2001. 202 p.

BRASIL. Ministério da Saúde. *Política Nacional de Atenção Integral à Saúde da Mulher*. Brasília – DF, 2016. 82 p.

CAHILL, H. A. Male appropriation and medicalization of childbirth: an historical analysis. *J. Adv. Nursing*, v. 33, n. 3, p. 334-342, 2001.

CARMONA, D. C.; DE MIRANDA, M. B. Profanar o sagrado, sacralizar o profano. *Interfaces Brasil*, Canadá, v. 19, n. 1, p. 37-53, 2019.

CARNEIRO, R. G. *Cenas de parto e políticas do corpo*. Rio de Janeiro: Fiocruz, 2015.

CARNIEL, F.; VITAL, D. S.; DE SOUZA, Tiago Del Piero. Episiotomia de rotina: necessidade versus violência obstétrica. *Journal of nursing and health*, v. 9, n. 2, 2019.

CASTRO R. Génesis y práctica del habitus médico autoritario en México. *Revista Mexicana de Sociología*, v. 76, n. 2, p. 167-97, 2014. Disponível em: https://www.redalyc.org/articulo. oa?id=32130485002. Acesso em: 1 jun. 2022.

CASTRO, A.; SAVAGE, V. Obstetric violence as reproductive governance in the Dominican Republic. *Medical anthropology*, v. 38, n. 2, p. 123-136, 2019.

CASTRO, R.; ERVITI, J. 25 años de investigación sobre violencia obstétrica en México. *Revista Conamed*, v. 19, n. 1, p. 37-42, 2014. Disponível em: http://biblat. unam.mx/es/revista/revista-conamed/articulo/25-anos-de-investigacion-sobre--violencia-obstetrica-en-mexico. Acesso em: 29 jun. 2022.

CASTRO, R.; LOZANO, M. L. Violencia en la práctica médica en México: un caso de ambivalencia sociológica. *Estudios sociológicos*, v. 36, n. 108, p. 539-569, 2018.

CHAUÍ, M. Participando do debate sobre mulher e violência. *In:* CARDOSO, R.; CHAUÍ. M.; PAOLI, M. C. (org.). *Perspectivas antropológicas da mulher*: 4. Rio de Janeiro: Zahar Editores; 1985. p. 25-62.

COLOMBIA. *Guía de Práctica Clínica del Ministerio de Salud*. 2013.

COURA, A.; RESENDE, A. *Violência Obstétrica*: caso do anestesista preso em flagrante por estupro durante cesárea lança luz sobre o tema. Belo Horizonte: Ufmg, 12 jul. 2022. Disponível em: https://ufmg.br/comunicacao/noticias/violencia-obstetri-ca-caso-do-anestesista-preso-em-flagrante-por-estupro-de-uma-paciente-que--passava-por-cesarea-no-rj. Acesso em: 11 dez. 2022.

COUTO, J.; LIMA, V. Ocitocina sintética: o que é? *Revista Crescer*, abr. 2019. Disponível em: https://revistacrescer.globo.com/Gravidez/noticia/2019/04/ocitoci-na-sintetica-o-que-e.html. Acesso em: 16 jun. 2022.

CRESCER. Manobra de Kristeller: entenda por que o método é considerado uma forma de violência obstétrica. *Revista Crescer*, set. 2021. Disponível em: https:// revistacrescer.globo.com/Gravidez/Parto/noticia/2017/01/manobra-de-kristeller--entenda-por-que-o-metodo-e-considerado-uma-forma-de-violencia-obstetrica. html. Acesso em: 16 jun. 2022.

DA SILVA CARVALHO, I; DE BRITO, R. S. Formas de violência obstétrica vivenciadas por puérperas que tiveram parto normal. *Enfermería Global*, v. 16, n. 3, p. 71-97, 2017.

DA SILVA, A., *et al.* Violência obstétrica no Brasil: um enfoque a partir dos acórdãos do STF e STJ. *Revista Quaestio Iuris*, v. 10, n. 4, p. 2430-2457, 2017.

DAVIS, A. Y. *Mulheres, raça e classe*. Boitempo Editorial, São Paulo, 2016.

DAVIS-FLOYD, R. The technocratic model of birth. *In:* TOWER HOLLIS, S.; PERSHING, L.; YOUNG, M. J. (ed.). *Feminist Theory in the Study of Folklore*. Illinois: U. of Illinois Press, 1993. p. 297-326.

DAVIS-FLOYD, R. Home-birth emergencies in the US and Mexico: the trouble with transport. *Social Science & Medicine*, v. 56, n. 9, p. 1911-1931, 2003.

DE BEAUVOIR, S. *O segundo sexo*. São Paulo: Nova Fronteira, 2014.

DE JONGE, A.; RIJNDERS, M. E. B.; VAN DIEM, M. T.; SCHEEPERS, P. L. H.; LAGRO-JANSSEN, A. L. M. Are there inequalities in choice of birthing position? Sociodemographic and labour factors associated with the supine position during the second stage of labour. *Midwifery*, v. 25, n. 4, p. 439-48, 2009.

DE SOUZA, A. C. A.; VALENTE, M. B. B. Violência obstétrica: um desafio para Psicologia. *Revista Hum@ nae*, v. 10, n. 1, 2016.

DÍAZ GARCÍA, L. I.; FERNÁNDEZ, Y. Situación legislativa de la Violencia obstétrica en América latina: el caso de Venezuela, Argentina, México y Chile. *Revista de derecho*, Valparaíso, n. 51, p. 123-143, 2018.

DINIZ, C. S. G. *et al*. Disrespect and abuse in childbirth in Brazil: social activism, public policies and providers' training. *Reproductive health matters*, v. 26, n. 53, p. 19-35, 2018.

DINIZ, C. S. G. *O que nós como profissionais de saúde podemos fazer para promover os direitos humanos das mulheres na gravidez e no parto*. São Paulo: Coletivo Feminista Sexualidade e Saúde, 2003.

DINIZ, C. S. G. *et al*. A vagina-escola: seminário interdisciplinar sobre violência contra a mulher no ensino das profissões de saúde. *Interface-Comunicação, Saúde, Educação*, v. 20, p. 253-259, 2016.

DINIZ, C. S. G.; CHACAM, A. S. O 'corte por cima' e o 'corte por baixo': o abuso de cesáreas e episiotomias em São Paulo. *Questões de Saúde Reprodutiva*, v. 1, p. 80-91, 2006.

DINIZ, C. S. G. Humanização da assistência ao parto no Brasil: os muitos sentidos de um movimento. *Ciência & saúde coletiva*, v. 10, p. 627-637, 2005.

DINIZ, S. G. *et al*. Abuse and disrespect in childbirth care as a public health issue in Brazil: origins, definitions, impacts on maternal health, and proposals for its prevention. *Journal of Human Growth and Development*, v. 25, n. 3, p. 377-382, 2015.

DIONISIO, G. H. Da pesquisa psicanalítica como estratégia do detalhe: ensaio sobre um "método". *In:* FULGENCIO, Leopoldo *et al. Modalidades de pesquisa em psicanálise*: métodos e objetivos. São Paulo: Zagodoni, 2018. P. 178-191.

DO PRINCÍPIO, Rede parto. *Violência obstétrica*: "parirás com dor". Brasília, DF: Comissão Parlamentar Mista de Inquérito da Violência Contra as Mulheres, 2012.

DOMINGUES, R. M. S. M. *et al.* Processo de decisão pelo tipo de parto no Brasil: da preferência inicial das mulheres à via de parto final. *Cadernos de Saúde Pública*, v. 30, p. S101-S116, 2014.

ENSP-FIOCRUZ. *Nascer no Brasil*: inquérito nacional sobre o parto e o nascimento. 2012. Disponível em: https://nascernobrasil.ensp.fiocruz.br/?us_portfolio=nascer-no-brasil#:~:text=A%20pesquisa%20%E2%80%9CNascer%20no%20Brasil,p%C3%BAblicas%20de%20ensino%20e%20pesquisa. Acesso em: 28 jun. 2022.

FELITTI, K.; IRRAZÁBAL, G. Los no nacidos y las mujeres que los gestaban: significaciones, prácticas políticas y rituales en Buenos Aires. *Revista de Estudios Sociales*, n. 64, p. 125-137, 2018.

FOUCAULT, M. *A vida dos homens infames.* Ditos e Escritos IV: Estratégia, Poder--Saber. 2. ed. Rio de Janeiro: Editora Forense Universitária, 2010a. p. 203-222.

FOUCAULT, M. *Em defesa da sociedade*: curso no Collège de France (1975-1976). São Paulo: Martins Fontes, 1999.

FOUCAULT, M. *História da sexualidade I:* A vontade de saber. Tradução de Maria Thereza da Costa Albuquerque e J. A. Guilhon Albuquerque. Rio de Janeiro: Edições Graal, 1988.

FOUCAULT, Michel. *Microfísica do poder.* São Paulo: Paz & Terra, 2021.

FUNDAÇÃO PERSEU ABRAMO. *Mulheres brasileiras e Gênero nos espaços públicos e privados.* ago. 2010. Disponível em: https://fpabramo.org.br/publicacoes/wp-content/uploads/sites/5/2017/05/pesquisaintegra_0.pdf. Acesso em: 28 jun. 2022.

FUNDAÇÃO PERSEU ABRAMO. *Violência no parto:* Na hora de fazer não gritou. 25 mar. 2013. Disponível em: https://fpabramo.org.br/2013/03/25/violencia-no--parto-na-hora-de-fazer-nao-gritou/. Acesso em: 27 jun. 2022.

GAINZA, P.; LABASTIE, M.; MAGNONE-ALEMÁN, N. La atención contemporánea del parto: jaque a la perspectiva de derechos humanos. *Uluá Revista de Historia, Sociedad y Cultura*, v. 22, p. 175-96, 2013. Disponível em: http:// revistas.uv.mx/index.php/ulua/article/view/1187. Acesso em: 15 fev. 2018.

GHERARDI, N. *Otras formas de violencia a las mujeres qué reconocer, nombrar y visibilizar.* Santiago: Naciones Unidas-CEPAL, 2016.

GOMES, M. L; MOURA, M. A. V. Modelo humanizado de atenção ao parto no Brasil: evidências na produção científica [Humanized childbirth care model in Brazil: evidence in scientific production][Modelo humanizado de atención al parto en Brasil: evidencias en la producción científica]. *Revista Enfermagem UERJ*, v. 20, n. 2, p. 248-253, 2012.

GOTARDO, A. T. Parto humanizado, empoderamento feminino e combate à violência: uma análise do documentário O renascimento do parto. *DOC On-line*: Revista Digital de Cinema Documentário, n. 23, p. 29-45, 2018.

GUIMARÃES, L. B. E.; JONAS, E.; AMARAL, L. R. O. G. Violência obstétrica em maternidades públicas do estado do Tocantins. *Revista Estudos Feministas*, v. 26, 2018.

GUTMAN L. *Puerperios y otras exploraciones del alma femenina.* Buenos Aires: Editorial del Nuevo Extremo, 2007.

HOTIMSKY, S. N. *A formação em obstetrícia*: competência e cuidado na atenção ao parto [Training in obstetrics: competence and care in childbirth assistance]. Dissertação (Mestrado em Medicina) – Faculdade de Medicina da Universidade de São Paulo (FM/USP), 2007.

HOTIMSKY, S. N.; AGUIAR, J. M.; VENTURI, G. A violência institucional no parto em maternidades brasileiras. [Institutional violence in childbirth in Brazilian maternity services]. *In:* VENTURI, G.; GODINHO. T. (ed.). *Mulheres brasileiras e gênero nos espaços público e privado:* uma década de mudanças na opinião pública. São Paulo: Perseu Abramo/Sesc-SP, 2013. p. 217-229.

HOTIMSKY, S. N.; SCHRAIBER, L. B. Humanização no contexto da formação em obstetrícia [Humanization in the context of obstetric training]. *Ciên Saúde Colet*, p. 639-649, 2005.

IBGE – INSTITUTO BRASILEIRO DE GEOGRAFIA E ESTATÍSTICA. *Características Gerais dos Domicílios e dos Moradores:* 2018. 2019.

INFORMAÇÕES e Análise Epidemiológica. 2013. Disponível em: http://tabnet.datasus.gov.br/cgi/sinasc/Consolida. Acesso em: 1 jun. 2022.

JARDIM, D. M. B.; MODENA, C. M. Obstetric violence in the daily routine of care and its characteristics. *Revista latino-americana de enfermagem*, v. 26, 2018.

JEWKES, R; ABRAHAMS, N; MVO, Z. Why do nurses abuse patients? Reflections from South African obstetric services. *Social science & medicine*, v. 47, n. 11, p. 1781-1795, 1998.

KONDO, C. Y. *et al. Violência obstétrica é violência contra a mulher:* mulheres em luta pela abolição da violência obstétrica. São Paulo: Fórum de Mulheres do Espirito Santo, 2014.

KONDO, C. Y. *et al.* Episiotomia "é só um cortezinho": violência obstétrica é violência contra a mulher: mulheres em luta pela abolição da violência obstétrica. *Revista Brasileira de Direitos e Garantias Fundamentais,* 2014. Disponível em: https://www. indexlaw.org/index.php/garantiasfundamentais/article/view/2586

LAFAURIE VILLAMIL, M. M. *et al.* La violencia obstétrica en la literatura de las ciencias sociales en América Latina. *Revista Gerencia y Politicas de Salud,* v. 18, n. 33, 2019.

LANSKY, S. *et al.* Obstetric violence: influences of the Senses of Birth exhibition in pregnant women childbirth experience. *Ciencia & saude coletiva,* v. 24, p. 2811-2824, 2019.

LEAL, M. C.; PEREIRA, A. P. E.; DOMINGUES, R. M. S. M.; FILHA, M. M. T.; DIAS, M. A. B.; NAKAMURA-PEREI, M. *et al.* Obstetric interventions during labor and childbirth in Brazilian low-risk women. *Cad. Saúde Pública,* 2014. Disponível em: http://www.scielo.br/pdf/csp/v30s1/en_0102-311X-csp-30-s1-0017.pdf. Acesso em: 28 jun. 2022.

LEAL, M. do C; GAMA, S. G. N. Nascer no brasil. *Cadernos de Saúde Pública,* v. 30, p. S5-S5, 2014.

LEAL, S. Y. P. *et al.* Percepção da enfermeira obstetra acerca da violência obstétrica. *Cogitare Enfermagem,* v. 23, n. 1, 2018.

LLOBERA, R. Violencia obstétrica. La perspectiva de mujeres que la han sufrido. *Investigaciones feministas,* v. 10, n. 1, p. 167-184, 2019.

MANN, J. M. Saúde Pública e Direitos Humanos. *Physis,* v. 6, n. 1-2, p. 135-145, 1996.

MATTAR, L. D.; DINIZ, C. S. G. Hierarquias reprodutivas: maternidade e desigualdades no exercício de direitos humanos pelas mulheres. *Interface,* Botucatu, v. 16, n. 40, p. 107-20, 2012.

MELLO, M. H. J. *Investigação sobre mortalidade por acidente e violência na infância.* Tese (Livre-docência - Faculdade de Saúde Pública da USP) – São Paulo, FSP, 1988.

MEXICO. *Ley general de acceso de las mujeres a una vida libre de violencia.* 2015.

MINAYO, M. C. de S. Violência social sob a perspectiva da saúde pública. *Cadernos de saúde pública*, v. 10, p. S7-S18, 1994.

MINAYO, M. C. de S.; SOUZA, E. R. Violência e saúde como um campo interdisciplinar e de ação coletiva. *História, Ciências, Saúde-Manguinhos*, v. 4, p. 513-531, 1998.

MINISTÉRIO DA SAÚDE. *Humanização do parto e do nascimento*. Universidade Estadual do Ceará. Brasília: Ministério da Saúde, 2014. 465 p. (Cadernos HumanizaSUS; v. 4).

MIRANDA, F. L. *et al*. Violência obstétrica: percepções de enfermeiros obstétricos em uma maternidade de Minas Gerais. *HU Revista*, v. 45, n. 4, p. 415-420, 2019.

MOREIRA, S. A. S.; PARTICHELLI, P. P.; BAZANI, A. A. O. A violência obstétrica e os desafios de se promover políticas públicas de saúde efetivas. *Diálogo*, n. 41, p. 115-126, 2019.

NAGAHAMA, E. E. I; SANTIAGO, S. M. A institucionalização médica do parto no Brasil. *Ciência & Saúde Coletiva*, v. 10, p. 651-657, 2005.

NIY, D. Y. *et al*. Como superar a cultura da imobilização física das parturientes? Resultados parciais de estudo de intervenção em São Paulo, SP, Brasil. *Interface-Comunicação, Saúde, Educação*, v. 23, 2019.

OCHOA, A. M; LOSTAUNAU, X. S. Así el bebé esté sin cabeza, ese bebé no se puede abortar: resistencias al acceso de las mujeres al aborto terapéutico. *Discursos del Sur, revista de teoría crítica en Ciencias Sociales*, n. 4, p. 45-61, 2019.

ORGANIZAÇÃO DAS NAÇÕES UNIDAS. *Diretrizes Nacionais Feminicídio* – Investigar, processar e julgar com perspectiva de gênero as mortes violentas de mulheres. Disponível em: http://www.onumulheres.org.br/wp-content/uploads/2016/04/diretrizes_feminicidio_FINAL.pdf. Acesso em: 28 jun. 2022.

ORGANIZAÇÃO MUNDIAL DA SAÚDE. *Cuidados durante el parto para una experiencia de parto positiva*. 2018. Disponível em: https://iris.paho.org/bitstream/handle/10665.2/51552/9789275321027_spa.pdf?sequence=1&isAllowed=y. Acesso em: 28 jun. 2022.

ORGANIZAÇÃO MUNDIAL DA SAÚDE. *Declaração sobre a Eliminação da Violência contra a Mulher*. 1993. Disponível em: https://www.onumulheres.org.br/wp-content/uploads/2013/03/declaracao_viena.pdf. Acesso em: 28 jun. 2022.

ORGANIZAÇÃO MUNDIAL DA SAÚDE. *Prevenção e eliminação de abusos, desrespeito e maus-tratos durante o parto em instituições de saúde.* 2014. Disponível em: https://apps.who.int/iris/bitstream/handle/10665/134588/WHO_RHR_14.23_por.pdf. Acesso em: 28 jun. 2022.

ORGANIZAÇÃO MUNDIAL DA SAÚDE. *Recomendações para o aumento do trabalho de parto.* 2015. Disponível em: https://apps.who.int/iris/bitstream/handle/10665/174001/WHO_RHR_15.05_por.pdf. Acesso em: 28 jun. 2022.

ORGANIZACIÓN MUNDIAL DE LA SALUD (OMS). *Prevención y Erradicación de la Falta de Respeto y el Maltrato Durante la Atención del Parto en Centros de Salud.* 2014. Disponível em: http://apps.who.int/iris/bitstream/handle/10665/134590/WHO_RHR_14.23_spa.pdf?sequence=1. Acesso em: 1 jun. 2022.

ORGANIZACIÓN MUNDIAL DE LA SALUD (OMS). *Recomendaciones de la oms para la conducción del Trabajo de Parto.* 2015. Disponível em: http://www.who.int/topics/maternal_health/directrices_OMS_parto_es.pdf. Acesso em: 1 jun. 2022.

PALHARINI, L. A. Autonomia para quem? O discurso médico hegemônico sobre a violência obstétrica no Brasil. *Cadernos Pagu,* 2017.

PARANÁ. *Lei 19.701, de 20 de novembro de 2018.* Lei que dispõe sobre a violência obstétrica, sobre direitos da gestante e da parturiente e revoga a Lei nº 19.207, de 1º de novembro de 2017, que trata da implantação de medidas de informação e proteção à gestante e à parturiente contra a violência obstétrica. DOE-PR, 21 de novembro de 2018.

PERDOMO-RUBIO, A. *et al.* Discursos sobre la violencia obstétrica en la prensa de países latinoamericanos: cambios y continuidades en el campo de la atención. *Revista Facultad Nacional de Salud Pública,* v. 37, n. 2, p. 125-135, 2019.

PEREIRA, A,G; OLIVEIRA, A. M. B; CURY, G.D; JORGE, L. B; LATORRE, G. S. Eficácia do Epi-No® na diminuição da episiotomia e risco de lesão perineal pós--parto: revisão sistemática. *Femina,* v. 43, n. 6, p. 251-6, 2015. Disponível em: http://perineo.net/pub/pereira2015.pdf. Acesso em: 1 jun. 2022.

PULHEZ, M. M. *Parem a violência obstétrica!* Editor e conselho editorial, 2013. p. 522.

RAGO, M. *Do cabaré ao lar:* a utopia da cidade disciplinar. Rio de Janeiro: Paz e terra, 1985. p. 27-31.

RATTNER, D. Humanização na atenção a nascimentos e partos: breve referencial teórico. *Interface - Comunicação, Saúde, Educação,* v. 13, n. 1, p. 595-602, 2009.

REVISTA Chilena de Antropología, 2016. Disponível em: https://www.scielo.br/j/icse/a/m7dC74rXdMZqBXJH7p7Ljrh/abstract/?lang=pt. Acesso em: 1 jun. 2022.

RIO DE JANEIRO. *Lei 9238, de 8 de abril de 2021*. Lei altera a lei estadual n. 7.191, de 6 de janeiro de 2016, e dá outras providências. Governo do Estado do Rio de Janeiro, 8 de abril de 2021.

ROCHA, B. D.; ZAMBERLAN, C.; BACKES, D. S. Capacitação para a prática baseada em evidências: relato de experiência. *Revista Brasileira em Promoção da Saúde*, v. 31, 2018.

RODRIGUES, M. A. R. Análisis exploratorio de los cuidados al parto en Nicaragua desde el marco de los derechos sexuales y reproductivos. *Anuario de Estudios Centroamericanos*, v. 44, p. 399-427, 2018.

RONDÔNIA. *Lei 4.173, de 8 de novembro de 2017*. Lei que dispõe sobre a implantação de medidas de informação e proteção à gestante e parturiente contra a violência obstétrica, no Estado de Rondônia. Assembléia Legislativa do Estado de Rondônia, Porto Velho, 13 de novembro de 2017.

ROUSSEAU, J. J. Émile, or treatise on education. Appleton, 1899.

SADLER, M. Etnografías del control del nacimiento en el Chile contemporáneo. *Revista Chilena de Antropología*, v. 33, p. 45-57, 2016. Disponível em: https://www.researchgate.net/publication/309034638_Etnografias_del_Control_del_Nacimiento_en_el_Chile_Contemporaneo. Acesso em: 28 jun. 2022.

SAFFIOTI, H. I. B. Contribuições feministas para o estudo da violência de gênero. *Cadernos Pagu*, p. 115-136, 2001.

SAMPAIO, J.; TAVARES, T. L. A.; HERCULANO, T. B. Um corte na alma: como parturientes e doulas significam a violência obstétrica que experienciam. *Revista Estudos Feministas*, v. 27, 2019.

SANTA CATARINA. *Lei 17.097, de 17 de maio de 2017*. Lei que dispõe sobre a implantação de medidas de informação e proteção à gestante e parturiente contra a violência obstétrica no Estado de Santa Catarina. ALESC/GCAN, 19 de janeiro de 2017.

SANTOS, R.; RIESCO, M. Implementation of care practices to prevent and repair perineal trauma in childbirth. *Rev. gaúch. Enferm*, v. 37, n. esp., 2016. Disponível em: http://www.scielo.br/pdf/rgenf/v37nspe/en_0102-6933-rgenf-1983-14472016esp68304.pdf. Acesso em: 1 jun. 2022.

SEN, G.; REDDY, B.; IYER, A. Beyond measurement: the drivers of disrespect and abuse in obstetric care. *Reproductive health matters*, v. 26, n. 53, p. 6-18, 2018.

SENA, L. M. *AmeaçadaS e sem voz, como num campo de concentração*: a medicalização do parto como porta e palco para a violência obstétrica. Florianópolis: Universidade Federal de Santa Catarina, 2016.

SENS, M. M; STAMM, A. M. N. F. Percepção dos médicos sobre a violência obstétrica na sutil dimensão da relação humana e médico-paciente. *Interface-Comunicação, Saúde, Educação*, v. 23, 2019.

SILVA, E. F. da *et al.* Violência à parturiente. *In: Anais [...]* VII Congresso brasileiro de enfermagem obstétrica e neonatal e I congresso internacional de enfermagem obstétrica e neonatal, 2010. Minas Gerais: ABENFO, 2010.

SILVA, L. M ; BARBIERI, M; FUSTINONI, S. M. Vivenciando a experiência da parturição em um modelo assistencial humanizado. *Rev. bras. enferm.*, Brasília, v. 64, n. 1, p. 60-65, fev. 2011.

SINASC/DATASUS. *Consolidação do Sistema de Informações sobre Nascidos Vivos.* Coordenação Geral de Sinasc, 2011.

STARR, P. *Orígenes sociales de la soberanía profesional.* La transformación social de la medicina en los Estados Unidos de América. México DF: Biblioteca de la Salud/ Secretaría de Salud/Fondo de Cultura Económica, 1991. p. 17-44.

THEOPHILO, R. L.; RATTNER, D.; PEREIRA, E. L. Vulnerabilidade de mulheres negras na atenção ao pré-natal e ao parto no SUS: análise da pesquisa da Ouvidoria Ativa. *Ciência & Saúde Coletiva*, v. 23, p. 3505-3516, 2018.

TORNQUIST, C. S. Paradoxos da humanização em uma maternidade no Brasil. *Cad Saude Publica*, v. 19, n. 2, p. 419-27, 2003.

URUGUAI. *Ley 18.426 de 2008.* Ley de Defensa del Derecho a la Salud Sexual y Reproductiva. 2008.

VALDEZ-SANTIAGO, R. *et al.* Estrategia para la promoción del buen trato en la atención obstétrica en México. *Revista CONAMED*, v. 23, n. 4, 2018.

VALLANA-SALA, V. V. Es rico hacerlos, pero no tenerlos: análisis de la violencia obstétrica durante la atención del parto en Colombia. *Revista Ciencias de la Salud*, v. 17, n. SPE, p. 128-144, 2019.

VALLS, C. *Mujeres, salud y poder.* Madrid: Cátedra, 2009.

VENEZUELA. *Lei n. 38.668, de 23 de abril de 2007.* Ley orgânica sobre el derecho de lãs mujeres a uma vida libre de violência. Gaceta Oficial de la República Bolivariana de Venezuela, Caracas, 23 de abril de 2007, 47 p.

VIEIRA, E. M. *A medicalização do corpo feminino.* Rio de Janeiro: Editora Fiocruz, 2002.

VÍLCHEZ, H. S. *et al.* Matronas: las que acompañan a las mujeres. Entrevista con Helen Strivens y Josune Iribargoyen. *Encrucijadas*: Revista Crítica de Ciencias Sociales, n. 18, p. 5, 2019.

VILELA, M. E. A. *Atenção ao parto e nascimento em hospitais de ensino*: o que dizem as mulheres. Fundação Osvaldo Cruz, 2018.

WORLD HEALTH ORGANIZATION (WHO). *World report on violence and health.* 1996. Disponível em: http://www.who.int/violence_injury_prevention/violence/world_report/en/introduction.pdf. Acesso em: 1 jun. 2022.

WORLD HEALTH ORGANIZATION *et al.* Appropriate technology for birth. *Lancet*, v. 2, p. 436-437, 1985.

ZVEITER, M. O que pode ser traumático no nascimento? *Revista Latinoamericana de Psicopatologia Fundamental*, v. 8, p. 706-720, 2004.

ZVEITER, M; PROGIANTI, Jane Márcia; VARGENS, Octavio Muniz da Costa. O trauma no parto e nascimento sob a lente da enfermagem obstétrica. *Pulsional Rev Psicanál*, v. 182, n. 18, p. 86-92, 2005.